VITRUVIO
DE ARCHITECTURA

VOLUME 1

TEXTO COM COMENTÁRIOS

POR

JOÃO MENEZES DE SEQUEIRA

LISBOA
EDIÇÕES LabART (AUTOR)
2020

© 2020 João Menezes de Sequeira / Edições LabART
http://www.labartresearch.com/

1ª Edição – 2020 (revista)

ISBN: 978-989-33-0540-9

ISBN 978-989-33-0540-9

9 789893 305409

Para a Luísa e para os meus filhos

Índice

Justificação aos leitores

O trabalho que aqui se apresenta, resulta de um estudo iniciado em Setembro de 2004, altura em que tive esta louca ideia de traduzir os livros de Vitruvio para português, por um lado, porque não havia nenhuma tradução directa do latim para português - a única tradução existente tinha sido realizada por Helena Rua em 1998 e tratava-se de uma tradução da versão de Claude Perrault que, já de si, é mais interpretativa do que literal — por outro lado, porque tinha iniciado os meus estudos de doutoramento sobre os operadores de concepção em Vitruvio e tinha necessidade de obter informação de fontes primárias.

Felizmente para a cultura nacional surgiu, em 2006, a tradução completa da obra de Vitruvio pela mão de M. Justino Maciel, cujo latim «seminarista» não altera substancialmente o meu fraco latim, aprendido na Universidade de Letras, que por favor e especial simpatia, me deixou frequentar as suas aulas gratuitamente. Naturalmente que, após a edição de M. Justino, parecia ter deixado de fazer sentido dar continuidade ao trabalho, que, até então desenvolvia, de traduzir a totalidade da obra de Vitruvio, ficando no meu colo o Livro I, único já nascido no ínicio de 2005.

Por outro lado, já tinha realizado um conjunto de pequenos artigos sobre alguns aspectos da obra de Vitruvio, mas apenas um chegou a ver a luz do dia, aquele que tratava dos desenhos refenciados e nunca conhecidos da sua obra (Sequeira, 2010).

Para que este trabalho não seja mais um dos muitos ocupantes das minhas gavetas e porque considero que o Livro I do *De Architectura*, é aquele que sempre me interessou mais, dado ser aí que Vitruvio melhor transmite os processos de concepção usados na Antiguidade Romana, decidi publicá-lo por conta e risco próprios, acreditando que o mesmo pode ajudar os meus alunos e todos aqueles que se interessam por estas coisas da arquitectura.

Este livro divide-se em três partes que podem ser lidas separadamente e pela ordem que se quiser. A primeira parte, a que designo Introdução, trata dos assuntos que é usual tratar nas diversas traduções do Tratado, a vida e nome do autor, a história dos diversos textos manuscritos que nos chegaram e suas famílias, assim como a questão da ausência de desenhos nos manuscritos, pese embora as doze referências no texto (Sequeira, 2010). Um breve comentário sobre a estabilização do texto latino usado, pareceu importante, já que não usámos apenas uma fonte manuscrita, mas diversas, assinalando as suas diferenças. A segunda parte, consta própriamente do *De Architectura*, do texto latino estabilizado e da sua tradução, com os necessários comentários em rodapé. Finalmente a terceira parte, os «Comentários», propõe interpretações sobre dois temas que reflectem o processo de concepção arquitectónico na Antiguidade clássica, refiro-me à relação entre fabrica e razão e aos seis operadores de concepção arquitectónica. A bibliografia é apresentada no final do livro e é dividida em quatro partes, a lista dos manuscritos latinos existentes, versões latinas, diversas traduções a que nos socorremos e a bibliografia crítica.

Vitruvio De Architectura   LIBER PRIMUS

Primeira Parte

Introdução

Vitae Vitruviis et nomen

O interesse bibiográfico sobre Vitruvius, parece ter nascido no Renascimento Italiano.

Se algo havia na Idade Clássica sobre Vitruvio, quase nada chegou à actualidade. Existem apenas cinco menções literárias a um Vitruvio ao longo de cinco séculos na Antiguidade. A mais antiga e mais densa menção, data do séc. I d.C na obra *Naturalis Historia* de *Gaius Plinius Secundus* (conhecido como Plinio o Velho), tratam-se de múltiplas referências realizadas nos livros II (112), V (22), VII (57 e 60), IX (79), XII (1), XVI (19 e 95), XXIV (25), XXXI (6 e 31), XXXIII (57), XXXIV (19), XXXV (20, 25, 26 e 59) e XXXVI (62) e de modo mais genérico, a referência a Vitruvio nas temáticas dos livros XVI, XXXV e XXXVI, respectivamente, sobre as árvores, a escultura, a pintura e a arquitectura (Ferreira, s.d.).

No final daquele século e inícios do séc. II d.C aparecem as menções de *Sextus Julius Frontinus* que na sua obra *De Aquis Urbis Romae* também menciona Vitruvio a propósito da construção dos aquedutos. Já no início do séc. III d.C encontramos a obra de *Marcus Cétius Faventinus*[1], «*Artis Architectonicae Privatis Usibvs Adbreviatvs Liber*», que aparece como um breviário da arquitectura privada, com forte influência do *De Architectura* e de, mencionados escritos e exemplos que se conheciam da arquitectura clássica. O nome de Vitruvio é explicitamente mencionado logo nas primeiras linhas do breviário, de forma ambigua e causadora de alguns mal entendidos[2]. Maurus Servius Honoratus, gramático do final do séc. IV d.C., também cita o nome Vitruvio associado a um *architectonica scripsit* e, já no século V, nos anos 430 e 480 d.C. *Gaius Sollius Sidonius Apollinaris* cita o seu nome com elevada veneração[3].

---

[1] Marcus Cétius é originário de Faventia (actual Faenza, próximo de Bolonha) e viveu, provávelmente, no século III d.C.

[2] Inicía, no Prólogo do seu breviário, com a seguinte frase: *De artis architectonicae peritia multa oratione Vitrvvivs Pollio alique auctores scientissime acripsere*. Que pode ser traduzida livremente do seguinte modo, «Sobre a arquitectura e a mestria desta arte Vitruvio(,) Polio e outros autores escreveram sábios Tratados.» A introdução de uma vírgula, assinalada pelo parentesis, determinante entre Vitruvio e Polio, já que, como veremos, pessoalmente, não acredito que o nome Pollio (Pollion, Póllio, Polião, etc.) se refira a Vitruvio, mas a outro arquitecto.

[3] Aristocrata galo-romano do século V bispo em Clermont. No Livro IV, Epistula 3, Parágrafo 5 reza o seguinte: *"ad hoc unica singularisque doctrina et in diversarum rerum assertione monstrabilis, cui moris est de singulis artibus cum singulis artificibus philosophari, quaeque, si fors exigit, tenere non abnuit cum Orpheo plectrum cum Aesculapio baculum, cum Archimede radium cum Euphrate horoscopium,*

Mas, como argumenta Victor Mortet (1904-1906), aquelas menções não asseguram que se trate do mesmo Vitruvio que aqui estudamos. Vejamos então os argumentos de Mortet.

Como vimos atrás, a menção de Plínio aparece, tanto como referências directas, como no seu índex de autores. Plínio afirma ter usado as menções da obra de Vitruvio para a elaboração de alguns dos temas que compõem os seus 37 livros enciclopédicos, nomeadamente observamo-las no livro XVI, cujo tema são as árvores; no livro XXXV, sobre a pintura e as cores; e no livro XXXVI, que versa sobre as pedras. Ora, dado este tipo de menção e da temática que cobre, Mortet considera que, tanto podemos considerar que aquele nome pertencia ao autor de um tratado de arquitectura, como podemos considerar que pertencia a qualquer outro autor que tivesse escrito sobre história natural, ou sobre os materiais usados pelos construtores antigos. No entanto, se olharmos de modo inverso, isto é, se focarmos o nosso olhar sobre as temáticas em si, verificamos que todas elas são tratadas no *De Architectura*, de modo mais específico, é certo, mas Plinio não comenta as contribuições de cada um dos autores mencionados no index e Mortet esquece-se de mencionar as diversas citações directas a Vitruvio, ao longo da História Natural de Plínio.

No caso de Frontinus, as duas referências aparecem no livro I, parágrafo 25, do seu tratado sobre aquedutos romanos - «*Postea modulus nec ab uncia nec ab alterutro digitorum originem accipiens inductus, ut quidam putant, ab Agrippa, ut alii, a plumbariis per Vitruvium architectum in usum urbis exclusis prioribus venit, appellatus quinariae nomine*» e depois mais adiante «*... qui Vitruvium et plumbarios, ab eo quod plumbea lammina plana quinque digitorum latitudinem habens circumacta in rotundum hunc fistulae modulum efficiat.*» que pode ser traduzido livremente da seguinte forma: «Mais tarde, um cano, designado cano 5 (*quinaria*), tornou-se usual na cidade, excluindo todos os de outras dimensões. A sua origem não se baseou nem na polegada nem nos dois outros tipos de dígitos. Alguns pensam que Agripa foi o responsável pela sua introdução, outros consideram que foi introduzida pelos mestres de obras, sob a influência do arquitecto Vitruvius» e mais adiante, no mesmo parágrafo, «Aqueles que o atribuem a Vitruvius e aos canalizadores, declaram que assim é nomeado [o nome

---

cum Perdice circinum cum Vitruvio perpendiculum quaeque numquam investigare destiterit cum Thalete tempora, cum Atlante sidera, cum Zeto pondera, cum Chrysippo numeros, cum Euclide mensuras." E no Livro VIII, Epistula 6, Parágrafo 10, podemos ler o seguinte: "*sed de sodali deque me satis dictum. tu nunc inter ista quid rerum? quas mihi ad vicem nosse non minus cordi. venaris, aedificas, rusticarisne? an horum aliquid unum? an singula vicissim? an pariter et cunctim? sed de Vitruvio sive Columella, seu alterutrum ambosve sectere, decentissime facis. potes enim utrumque more quo qui optimo, id est ut cultor aliquis e primis architectusque*".

de *quinaria* para o cano] pelo facto daquele ser obtido através de uma folha plana de 5 polegadas de largura, enrolada.»

Aqui o argumento de Mortet parece-nos algo rebuscado e frágil, pois, como admite, não se pode negar que Vitruvio não tenha definido esse nome (*quinariae*) para o calibre de certa tubagem. Veja-se a seguinte frase, retirada do *De Architectura*, livro VIII (6, 4), «*quinariae pondo LX. E latitudine autem lamnarum, quot digitos habuerint, antequam in rotundationem flectantur, magnitudinum ita nomina concipiunt fistulae. Namque quae lamna fuerit digitorum quinquaginta, cum fistula perficietur ex ea lamna, vocabitur quinquagenaria similiterque reliquae*» que se pode traduzir de acordo com Maciel[4] por «... de cinco dedos[5], sessenta libras. Com efeito, é a partir da largura das lâminas que os tubos recebem a sua classificação de grandeza, a partir de quanto medem em dedos antes de serem enrolados. Por isso, se uma lâmina tiver cinquenta dedos, ao ser enrolado o tubo, chamar-se-á de cinquenta dedos, e de modo semelhante para os restantes».

Mas, Mortet considera que essa definição não é suficiente, pois se Frontinus quisesse visar aquele texto[6], não se referiria a uma tradição oral, mas escrita. Argumenta ainda existir uma certa similaridade entre as passagens escritas de Plinio e de Vitruvio neste particular, o que fornece algum sedimento à sua tese de que Vitruvio é contemporâneo de Plínio, ou de ambos terem uma fonte comum.

Se levarmos em consideração a tese de Mortet de que Vitruvio editou o seu tratado no último quarto do século I d.C. e que Frontinus viveu no fim daquele século princípios do século II, sem dúvida que seria difícil explicar um conhecimento apenas por tradição oral, mas se, como nos inclinamos a pensar, Vitruvio é anterior a essa data, então seria perfeitamente natural que as definições de tubagens dadas por Vitruvio, já se tivessem transformado numa tradição oral, sobretudo entre os construtores. Ainda a contrariar a tese de Mortet, verificamos que a definição que Frontinus atribuí a Vitruvio está perfeitamente em sintonia com a definição que o próprio Vitruvio dá no seu Tratado e seria excessiva coincidência considerar que Frontinus se iria referir a um outro arquitecto homónimo.

Como já muitos verificaram, diversas edições latinas e mesmo em mais recentes traduções, o nome de Vitruvio aparece associado, não só ao nome Marco, como

---

[4] Maciel, M. Justino. Livro VIII, Cap. 6, Parágrafo 4, p. 313

[5] A quinaria ou cinco dedos de perímetro (9,3 cm) e dá cerca de 25mm de diâmetro interior no tubo e as 60 libras correspondem a 19,6 Kg de peso. Sobre a problemática deste sistema de medida, que já Frontinus se apercebe, ver o comentário 4 ao cap. 6 do livro VIII por parte de L. Callebat (2003) Vitruve – De l'Architecture. Paris: Les Belles Lettres. p. 163-167.

[6] Mortet refere o livro VIII (7,5) estando provávelmente a referir-se ao Livro VIII, capítulo 6, parágrafo 4, pois o livro VIII só tem 6 capítulos em quase todas as versões latinas que encontrei.

ao nome Pollio (apresentando, este último, diversas variações). Ora, acontece que a única referência da antiguidade, ao nome Pollio, associado ao de Vitruvio aparece no séc. III d.C., numa referência de Faventinus. Na primeira frase do seu *Compendium*, *"De artis architectonicae peritia multa oratione Vitruuius Pollio allique auctores scientissime scripsere"* que se pode traduzir por "Sobre a arquitectura e a mestria dessa arte, Vitruvio Pollio e outros autores escreveram longos e muito sábios tratados."[7] Frase que tem levantado, desde A. Choisy[8], alguma polémica, dado que se pode acreditar que a introdução de uma vírgula entre os nomes «Vitruvio, Pollio e outros autores» implica reconhecer a existência de um outro arquitecto e a não atribuição do nome Pollio a Vitruvio. Por outro lado, até à data, não há conhecimento de nenhum tratado assinado por um suposto Pollio, havendo, no entanto, conhecimento da existência de um famoso arquitecto chamado *Gaius Postumius Pollio* que assina, nos finais do séc. I a.C., o seu nome numa obra em Terracina (Callebat, 1998; 34), para além disso, mais nenhum autor da Antiguidade designa o arquitecto por Vitruvio Polio. Acreditamos que será um abuso usar outros nomes para além de Vitruvio, até que se encontrem provas mais cabais e claras sobre este assunto.

Na Idade Média não aparece nenhum estudo sobre a obra e vida de Vitruvio, pesem embora as diversas cópias do tratado e as múltiplas menções conhecidas. A de Sidónio Apolinário no século V; Cassiodor no século VI; Isidoro de Sevilha, usa o compendium de Faventinus no século VII; Eginhard, no século IX, etc., o que, tomadas por si, permitem dizer que é graças às sucessivas cópias manuscritas, que devemos a sobrevivência do texto.

Aparece a designção "M. Vitruvii de Architectura ..." no manuscrito Gudianus 69, do século X, mas pela caligrafia e idade da tinta, parece ser um acrescento da mão de um terceiro, já nos séculos posteriores.

Desta última data são também grande parte das novas designações que aparecem no seu nome[9], desde as iniciais M, L, e A até ao nome Cerdo, cuja inspiração se atribui à inscrição encontrada no arco dos Gavos, em Verona, na qual podemos ler *"L. Vitruvius L. L. Cerdo Architectus"*. Mas, já ficou provado que o Arco dos Gavos é do fim da época augustiana ou do reino de Tibério e pertence a outro arquitecto[10].

---

[7] Faventinus, Cetius, Abrégé d'Architecture Privée (Artis Architectonicae Privatis Vsibvs Adbreviatvs Liber). Texto estabelecido, traduzido e comentado por Marie-Thérère Cam, Paris: Belles Lettres, 2002.

[8] Choisy, A. (1909) Vtruve, 4 vol. Paris: Lahure. p. 259

[9] Desde Marcus Pollio Vitruvius, Marcus Vitruvius Pollio até Lucius Vitruvius Mamurra.

[10] Ver M. Ch. L. Maufras, (1847-48) L'Architecture de Vitruve. Bib. Latinr-Françaide, 2 Vols. Paris: par C. L. F. Panckoucke Éditeur. Na biografia que este autor faz de Vitruvio, refere as incongruências de ser Vitruvio o autor do Arco dos Gavos. "... Philander, Barbaro et Baldi ne se rangent point à son avis (referindo-se ao Marquês de Maffei que considera que existe um erro em Pollio e que o nome ser Pellio que tem o mesmo significado de Cerdo) parce que dans la plupart des manuscrits on lit: M.

Constatou-se também, que o nome Vitruvio aparece em multiplas zonas geográficas do Império Romano, pelo menos quarenta vezes[11], embora nenhuma se possa relacionar, pelo menos até ao momento e sem sombra de dúvida, ao arquitecto que escreveu o Tratado.

Existe um outro nome associado a Vitruvio, que é o de Mamurra, que segundo P. Thielscher (1961) seria o verdadeiro sobrenome de Vitruvio[12]. Tal hipótese implicaria associar o nome Vitruvio ao nome Mamurra então *prefectus fabrum* (administrador das obras públicas) de Julio César, na Gália. Acontece que Mamurra pertenceu à ordem equestre e foi membro de uma família rica, proprietária de grandes extenções de terra, o que contraria o que Vitruvio diz sobre a sua condição no Tratado, que o coloca na classe média, membro de uma ordem estatutária diferente ligada aos *apparitores et scribae armamentarii*. Por outro lado, a tese é ainda questionada pela própria presença simultânea dos dois nomes na obra de Plinio, não havendo nenhuma menção à sua identidade comum.

Vitruvio parece ter tido incumbências oficiais, nomeadamente nas áreas da arquitectura civil, na construção de aquedutos e na construção de máquinas de guerra. Há uma menção directa à contrução de uma Basílica em Fano, na actual província de Pésaro e Urbino, da qual já não restam vestígios. Grande parte da destruição desta cidade resulta do cerco de 1463 e da artilharia de Frederico da Montefeltro, altura em que podemos especular que a basilica de Vitruvio poderá ter sido destruída. Presume-se que a sua actividade de construtor se deu sobretudo na altura de César, tendo-se especializado por força das circunstâncias na engenharia militar, conforme sugere a leitura do seu X Livro.

O que nos parece ser mais certo e o que a própria obra nos informa, é que Vitruvio teve uma educação cuidada que lhe permitiu ter uma elevada cultura geral enciclopédica. Vitruvio parece ter vivido ainda no tempo de César (Gaius Iulius Caesar) tendo participado ou assistido a alguns eventos da guerra civil, bem como à morte de César em 44 a.C. e, está ainda vivo no periodo de Octávio (Gaius Iulius

---

Vitrvvivs Pollio, et non L. Vitrvvivs Pellio. Et puis (acrescenta Maufras) quel rapport le mot Cerdo, substitué à celui de Pellio, pourrait'il avoir avec ce dernier, si l'un vient de cerdoç et l'autre de pellis? Et puis l'architecte de Vérone a placé dans son arc de triomphe, des denicules sous les mutules, arrangement que M. Vitruve regarde comme une faute grave. Ce qui donnerait lieu de croire que L. Vitruve est moins ancien que l'autre, c'est que plus tard les architectes mirent généralement des denticules sous les mutules, comme on peut le voir aux arcs de triomphe de Titus, de Nerva, de Constantin, au portique de ce mème Nerva, et aus thermes de Cioclétien, monuments du siècle suivant. L'inscription de Vérone ne signifierait'elle point LVCIVS VITRVVIVS LVCII LIBERTVS ? Les affranchis ajoutaient à leur nom celui de leur patron; ce qui éloignerait encore toute idée de rapprochement avec M. Vitruve, qui naquit de parents libres." pp. 7-8 do Livro 1

[11] Existe uma lista ordenada geográficamente em Ruffel, Pierre e Soubiran, Jean (1962) Vitruve ou Mamurra? in Pallas (AFLT) 11, 2, pag. 123-179 Também Ruffel e Soubiran, Jean (1959)

[12] Ruffel, P. e Soubiran, J. (1959) ob. cit.

Caesar Octavianus Augustus) e no início do Principado em 27 a.C ambos no séc. I a.C.

Mal nos inclinamos sobre a obra, aparecem também diversas controvércias. Houve quem, como Claude Perrault (séc. XVII) e os irmãos Wiliam e James Newton (séc. XVIII), trouxesse a data do tratado para o 1º século da nossa era, julgando-a, portanto, dedicada, não a Caio Júlio César Octaviano Augusto (Octávio Augusto), sobrinho de Júlio César, mas a Tito Flávio Vespasiano[13] já em meados do século I d. C. outros, mais radicais, puseram em causa a própria existência do autor e tanto a consideraram como a obra de um falsificador do III ou do V século d.C. (J. L. Ussing[14]) como a consideram obra de Gerbert (papa Silvestre II), no fim do século X, como é o caso de Christoph Ludwig Friedrich Schultz[15]. Vinte anos depois da sua morte, em 1856, aparece a publicação do seu estudo sobre Vitruvio, no qual e segundo Victor Mortet, aquele considera que o tratado terá sido escrito no século IV.

Hoje, é geralmente aceite o século I a. C., entre os anos 35 e 25 a.C, como espaço temporal de concepção do tratado. O espaço de 10 anos, levou Ph. Fleury a considerar a possibilidade do Tratado ter tido diversas publicações e, consequentemente, diversos acréscimos (pelo menos dois). Pierre Gross[16], considera como motivo para o aparecimento do tratado, a crise política do Estado

---

[13] Para efeitos de localização histórica podemos dividir o Império Romano, em Principato (27 a.C. a 285 d.C.) e Dominato (285 d.C a 565 d. C). O principado começa com a denominação de principe por parte do Senado a Octaviano (futuro Augusto). O dominato inicia-se com Gauis Aurelius Valerius Diocletianus e termina com a morte de Flavius Petrus Sabbatius Iustinianus. O primeiro a dominar o império unipessoalmente foi Júlio César (45 a.C.), pouco tempo depois assassinado (44 a.C.) deu lugar ao segundo triunvirato com Octávio, Marco António e Lépido. Dos três apenas Gaius Julius Caesar (Octavianus Augustus) será o primeiro imperador romano em 27 a.C. após a vitória na batalha de Actium (31 a.C.). Depois de Octávio Augusto ou César Augusto, virá Tibério ou Tiberius Claudius Nero Cæsar (14 d.C.) que governa até 37 d.C. Segue-o Calígula ou Gaius Caesar Germanicus que é imperador entre 37 e 41 d.C. Seguem-se Tiberius (Claudius) Nero Caesar Drusus entre 41 e 54, (Nero) Claudius Caesar Augustus Germanicus entre 54 e 68, depois, por ausência de descendência da Dinastia ... segue-se a crise do ano dos quatro imperadores, começando por apenas sete meses com Sérvio Sulpício (Galba), depois apenas por três meses Marcus Salvius (Otho) e por oito meses Aulus (Vitellius) Germanicus que é derrotado por Tito Flávio Sabino (Vespasiano) em 69. A nova dinastia será designada por Flaviana e terá ainda Tito Flávio de 79 a 81 e Titus Flavius (Domitianus) de 81 a 96. Segue-se a dinastia dos Antoninos (de 96 a 193), a dos Severos (193 a 235), a Anarquia Militar dos anos 235 a 285, a Tetrarquia Imperial de 285 a 337, a Casa de Constatino, etc.

[14] J.L.Ussing, Observations sur Vitruve, De Architectura et sur le temps où peut avoir été écrit l'ouvrage qui porte ce titre, in Mémoires de l'Académie Royale des Sciences et des Lettres de Denemark, IV, 3, 1896. Apud Fleury Philippe, Vitruve, De L'Architecture Livre I, nota 29 da pág. XVII. Também a pág. 35 de Vitorino, 2004.

[15] Apud Vitorino, Júlio César, op.cit. p.35. Trata-se de uma carta dirigida a Goethe da parte de C. L. F. Schultz datada de 6 de Maio de 1829 e publicada no Eheinisches Museum.

[16] Gross (1997), também G. Germann (1991, p.9), citando Knell (1985, p.6) refere o clima de consolidação do Império como motivo para o aparecimento desse apadrinhamento das artes e da literatura.

romano. Tal crise, proveniente das guerras que levaram Julio César ao poder, fez nascer o receio de uma dispersão do património de conhecimentos e de *habilidades* práticas acumuladas durante séculos, suscitando então, em todos os campos, o desejo de inventariar esse património e reordená-lo, sob a égide de um novo rigor lógico e moral[17]. Movimento que ocupa, pelo menos, duas gerações e abarca também os trabalhos de Cícero (*Marcus Tullius Cicero* – 106 a 47 a.C.)[18] e Varro (*Marcus Terentius Varro* – 116 a 27 a.C)[19], entre outros.

Volumen

A ideia de um manuscrito original tem, a nosso ver, pouca credibilidade, pois sabemos que existia, no tempo de Vitruvio, um negócio de cópias bastante rentável. A "publicação" de alguns exemplares explicaria a existência de manuscritos (cópias da cópia[20]) espalhados pelos conventos europeus. A julgar pelo *stemma* (figs. 1 e 2) que tem vindo a ser estabelecido, na Idade Média poucas cópias resistiram aos reveses do tempo e todos os manuscritos conservados já são do século IX d. C. Presumivelmente resultantes do incremento cultural do Império Carolíngio e dos seus escribas (Panosfky, 1960; 70-74).

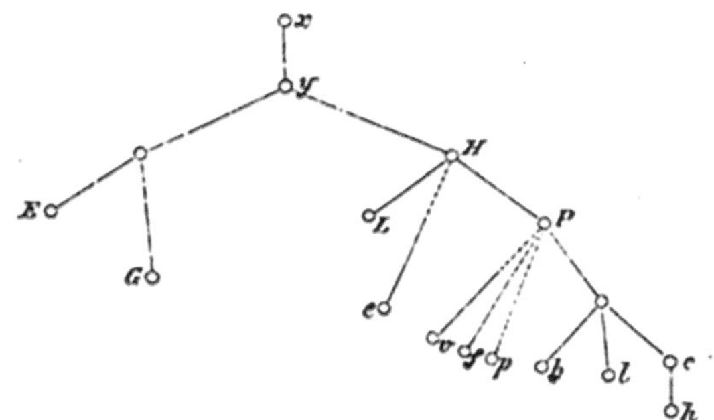

Fig.1. Stemma dos manuscritos de Vitruvio, no sistema de classificação de Pierre Ruffel e Jean Soubiran (1959), com apenas a primeira letra do códice usado pelas Bibliotecas que os possuíam. Fonte: Valentinus Rose in *Vitruvii De architectura libri decem*. (1867) Lipsiae.

Uma primeira classificação (fig.1), já no ano de 1960, leva à conclusão que os manuscritos se podem agrupar segundo cinco famílias (Degering). Pierre Ruffel e Jean Soubiran utilizam então um sistema de classificação com apenas a primeira

---

[17] Gross, ob. cit. e também em Les Architectes Grecs, Hellénistiques et Romains, in Callebat (1998).

[18] Entre as diversas obras destacam-se: Orationes; Partitiones oratione; De inventione; De officiis; etc.

[19] Entre as diversas obras destacam-se: De lingua latina e o De re rustica libri.

[20] É interessante verificar que no tempo de divulgação do tratado, a reprodução da escrita utilizava processos onde o "original" era ainda a voz, sendo a cópia a sua transcrição material.

letra do códice usado pelas Bibliotecas que os possuiam e definem as cinco famílias como: E(pitomatus, Gudianus 132); G(udianus 69); H(arleianus 2767); S(cletstatensis 1153b, nunc 17); V(aticanus Reginus 1328); e W(Vaticanus Reginus 2079). Do Harleianus derivam os textos: L(Vossianus 88); e(scurialensis III.f.19); P(arisinus 10277, Pithoeanus); v(aticanus Reginus 1505); f(ranekeranus, B.A.fr.51); p(arisinus 7227); b(ruxellensis 5253); l(Vossianus 107); c(ottonianus Cleop.D.1); h(arleianus 3859).

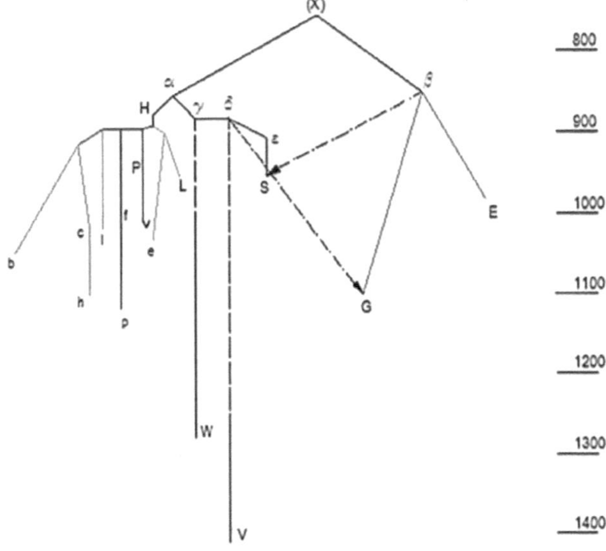

Fig. 2. Stemma das duas famílias [os manuscritos curtos (HWVS) e os manuscritos longos (E e G)] de manuscritos segundo Jean-Pierre Chausserie-Laprée (1969) de acordo com o seu conteúdo.

Nove anos mais tarde, em 1969, Jean-Pierre Chausserie-Laprée (fig.2.) considera apenas duas famílias (α e β) de acordo com o seu conteúdo, pois verifica que existem certos manuscritos onde 54 passagens do texto são maiores. Assim, numa família ficariam os manuscritos curtos (**H W V S**) e noutra os manuscritos longos (**E** e **G**[21]). Deste modo se estabelece que terão existido dois manuscritos diferentes que originaram todos os manuscritos que conhecemos. Mas a árvore geneológica não fica por aí, pois se o segundo deu origem aos manuscritos (**G** e **E**), o primeiro deu origem aos dois manuscritos o (**H**) e três outros (**γ δ ε**) que se teriam perdido e que são, eles também, os originais dos manuscritos (**S, W** e **V**).

Mais importante parece ser, saber qual o uso que terão tido estas cópias manuscritas durante toda a Idade Média. Sobre este assunto poucas certezas

---

[21] Apenas o manuscrito (G) Gudianus 69 está completo e o (E) Gudianus 132 Epitomatus está incompleto.

existem. Tiram-se conclusões apenas pelo modo como aparecem distribuidos na Europa, pela existência de um seu resumo elaborado por Faventino, pela quantidade, etc.

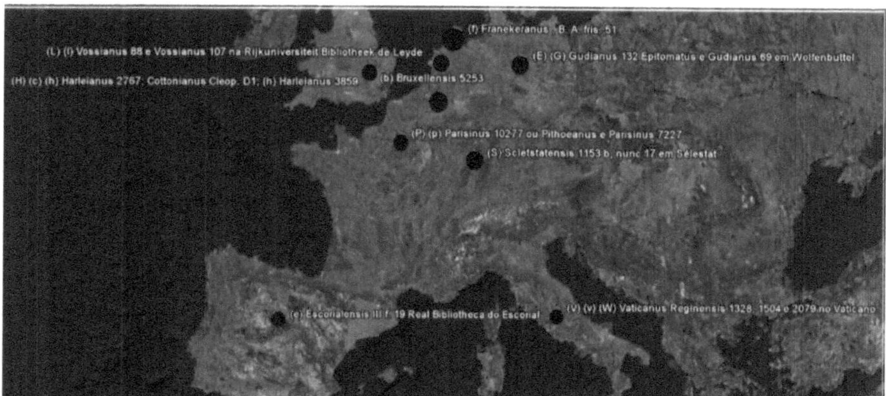

Fig.3. Mapa com a localização e data dos principais manuscritos existentes. Fonte: autor.

Formae

No que diz respeito aos desenhos originais é consensual que tenham existido, contrariando a reflexão de Sebastiano Serlio[22], no entanto a sua inexistência actual permite todas as razões para explicar o seu desaparecimento.

Sabemos também que os "desenhos" a que o texto faz referência eram mais esquemas simplificados do que desenhos ilustrativos ou rigorosos[23]. Tratar-se-iam de onze ou treze[24] esquemas geométricos elementares – *formae, sive uti Graeci dicunt schemata*. Sempre que a complexidade do objecto é grande e Vitruvio considera não o conseguir descrever por palavras ou *formae*, reenvia o leitor para a observação do objecto real.

Avançamos, como hipótese lógica, para explicar a elementaridade dos desenhos, o sistema de reprodução existente na altura, a cópia manuscrita, pois seria sempre

---

[22] Serlio, Sebastiano, The five Books of Architecture, an unabridged reprint of the english edition of 1611, Dover Publications, New York, 1982. Também a versão de Francisco de Villalpando, "Tercero e quarto libro de Architectura de Sebastião Serlio Boloñes", Juan de Ayala, Toledo, 1552, f.39. No quarto livro Sérlio argumenta este assunto, considerando que Vitruvio não teria feito nunhum desenho propositadamente pois no seu tempo, como no de Sérlio haveriam ignorantes que tentariam copiar sem entender as ordens arquitectónicas.

[23] Existem menções directas no texto a desenhos, inseridos no final da obra "in extremo volumine" e no fim dos livros "in extremo libri", tanto no livro 1 como no livro 6.

[24] A dúvida persiste, porque três das 13 menções de desenhos de Vitruvio parecem reenviar para o mesmo esquema de Aristofeno.

muito dificil garantir a destreza e mestria dos diversos copistas.[25] No entanto, existe ainda algo por explicar, a sua escassez num Tratado de Arquitectura.

De acordo com estudos recentes, sabemos que os arquitectos da Antiguidade apenas desenhavam na obra e no decurso das obras. Os instrumentos auxiliares eram desenhos de pormenores, de perfis, maquetas, etc. o que significa que não existem problemas de portabilidade, reprodução e durabilidade para os desenhos. Por outro lado, um texto que aspira a descrever a totalidade dos aspectos a ter em consideração na Arquitectura tem, naturalmente, um carácter menos efémero e, por isso, tem como preocupação, a sua reprodutibilidade, como já Serlio havia percebido. Ora, tal reprodutibilidade passava, na altura, por não o sobrecarregar com desenhos, cuja cópia não oferecia nenhuma garantia de fidelidade por parte dos copistas.

Imaginemos um sistema de cópias, onde um manuscrito é ditado para um número x de copistas, no fim do ditado, teremos x manuscritos diferenciados apenas pela caligrafia. Se ao nível dos conteúdos essa diferença gráfica pouca importância tem, o mesmo não podemos dizer da cópia de um desenho ilustrativo, pois este não pode sofrer alterações, sob pena de se perder o seu conteúdo. Ora, um esquema geométrico elementar, tem menos probabilidade de ser corrompido, mas óbviamente *nec semper lilia florent*.

Segundo Mario Carpo, sempre que existiram rolos de papirus com ilustrações, não se destinavam a ser copiados em grande escala. A literatura antiga de difusão de conhecimentos tinha de respeitar esse inevitável constrangimento: "the communication of complex visual data could not take place via visual media." (Carpo, 2001; 21)

Por mera curiosidade, existe ainda uma certa espectativa, muito moderna, que depositou alguma esperança na notícia, proveniente de Lázaro de Velasco (1525-1585), o último arquitecto da Catedral de Granada, o qual, em anotação na sua tradução de Vitruvius (primeira tradução comentada e completa espanhola, 1554 ou 1564, pertencente à Biblioteca Pública de Cáceres, ms. nº2), refere que «as ilustrações originais de Vitruvius se perderam em 1504». Pensamos que este facto não autoriza nenhuma conclusão, pois, por um lado, sabemos que uma grande percentagem de manuscritos (6 em 16) apresenta ilustrações, realizadas por correctores, comentadores, etc., por outro, sabemos que já havia sido publicada (edição de 1511) a versão de Giovani Giocondo com 136 ilustrações, factos que podem gerar as esperanças de Velasco.

---

[25] Sobre o problema das ilustrações do texto de Vitruvio, muito já foi estudado, pelo que remetemos os interessados, para Pierre Gros (1981) e para Krinsky (1967).

Desenhos mencionados, sua designação e colocação						
Livro	Cap.	Parág.	Colocação	Designação	Descrição	Desenhos
Livro I	6	11	*in extremo volumine*	*formas* ou **schmata**-schmata	sobre a direcção dos ventos	1
					sobre o meio de evitar os ventos nefastos pelo alinhamento das ruas	2
Livro III	3	13	in extremo libro	*forma et ratio eius quemadmodum mollis et conueniens efficiatur subscripta)*	sobre a correcção óptica da curvatura do fuste (entasis)	3
Livro III	4	5	*in extremo libro*	*forma et demonstratio erit descripta*	sobre a curvatura do estilóbato (scamilli inpares)	4
Livro III	5	8	*in extremo libro*	*forma et ratio earum erit subscripta*	desenho e explicação do traçado das volutas jónicas	5
Livro III	5	14	*inuenietur*	*ex descriptione* P. Gros aceita a tradução de traçado	presume-se que se refira ao desenho da entasis, no qual se obtem o diâmetro das caneluras	?
Livro V	4	1	*subscribam*	*eius diagramma*	refere-se ao diagrama musical de Aristofeno	6
Livro V	5	6	in extremo libro	*diagramma*	colocação dos echea . diagrama de Aristofeno? com colocação diferente?	?
Livro VI	1	7	sem localização explicita	*uti in diagrammate musico*	referindo-se à diferença geográfica das tonalidades das vozes, refere o diagrama de Aristoxeno	6
Livro VIII	5	3	*in extremo volumine*	*exemplar . descriptum*	descrição do coróbata, instrumento de nivel para a construcção dos ductos de transporte de água	7
Livro IX	pref.5		subscriptum est in ima pagina	*schema*	duplicação da área do quadrado	8
Livro IX	pref.8		*rei erit subscripta*	*forma*	construção das escadas com recurso ao triângulo de Pitáguras (3,4,5)	9
Livro X	6	4	*in extremo libro*	*forma descripta*	colocação do engenho cochlea ou parafuso de Arquimedes	10

Fig. 4. Quadro dos desenhos mencionados no De Architectura e sua localização. Fonte: autor.

Estabilização e organização do texto

A obra de Vitruvio tem tido diversas formas de apresentação, desde o simples texto corrido em latim de Philandrier, no qual mal se entendem os capítulos, até às mais sofisticadas versões ilustradas da contemporaneidade.

A divisão que aqui propomos, apenas para este volume 1, difere da que tem sido usada desde o século XVI. Desde a edição de Giocondo que se tem considerado o prefácio/dedicatória mais sete capítulos. Isto é, e com excepção de Choisy (1909), a dedicatória a Augusto tem sido considerada como sendo o prefácio do Livro I, o que nos parece bastante discutível. Já Fleury, na Introdução à tradução para francês do Livro I de Vitruvio, refere que aquela divisão levanta "alguns problemas de ordem histórica" (Fleury, 1990) e pergunta-se, se aquilo que hoje designamos como *prooemium* do Livro I, não teria sido, na origem, o prólogo do conjunto dos dez livros. Nós vamos mesmo mais longe, não seria a dedicatória um acréscimo posterior como tudo indica, executada depois de já constituídos os dez livros e como tal, um trecho de texto independente do conjunto orgânico da obra? E, não estarão patentes no capítulo 1, como também Fleury nota, algumas das características dos prefácios, nomeadamente, a interpelação a César, a *excusatio* como marca retórica e o perspectivismo sobre a globalidade da obra? O próprio tema do capítulo, o conjunto dos conhecimentos necessários ao arquitecto, é também uma verdadeira ode à erudição necessária à boa apreciação da Arquitectura e, por isso, à própria justificação do Tratado, pois, como Vitruvio refere na parte final da Dedicatória, «Redigi regras precisas, para que, tendo-as presentes, possas julgar por ti mesmo, a qualidade das obras feitas e futuras; pois nestes volumes revelo todas as regras da disciplina»[26].

Seria também excepcional, a existência de um prefácio de um dos Livros ter a extensão que o referido trecho tem, com 17 parágrafos, apresentando-se, por isso, com uma massa textual que suplantaria qualquer dos restantes capítulos. Este facto tem levado a maioria dos estudiosos a não considerarem aquele trecho textual como um prefácio. A fim de contornar este obstáculo, e com base nos estudos dos prefácios dos restantes livros, considerámos que a totalidade do Cap. 1 corresponde a dois trechos textuais, uma introdução da obra e um pequeno prefácio, o primeiro trecho, introduz a totalidade da obra e tem carácter excepcional, e o segundo, faz a ligação entre a Introdução Geral ao texto do Livro, surgindo como seu metatexto.

Assumimos, por isso, que é no excursus anedótico do argumento de Pythius, face à problemática da *Introductio* que se poderia iniciar o prefácio do Livro I, aproximadamente no anterior parágrafo 11. Tal reorganização tem a vantagem de colocar toda a obra no campo didáctico, quer da *scientia*, quer da arte. Explicitamente dedicada a Augusto, a obra está implicitamente dedicada aos seus colegas de profissão e aos jovens que, da arquitectura, querem fazer profissão. Temos perfeita consciência de que o facto de assim organizar este livro, também implica uma reorganização dos valores dos seus conteúdos o que, na verdade, constitui uma das inovações que aqui se apresentam.

Desde o início são regras precisas que são instruídas (*praescriptiones terminatas instituendis*), e por isso, a *Introductio* se debruça sobre as várias disciplinas e saberes necessários à arquitectura, saberes que serão depois constantemente evocados ao longo da obra e que organizam semanticamente o próprio tratado. A própria origem da arquitectura, mencionada na narrativa de introdução geral, como *fabrica et ratiocinatione* procura introduzir a dialéctica das letras e das artes, do que significa e do que é significado. Dialéctica que vai marcando, as relações entre as proposições normativas e explicativas.

Optámos assim pela seguinte organização do livro 1:

Dedicatio
Composta por três parágrafos. Na qual se faz um elogio a César e à importância que o Tratado pode ter como seu legado.

---

[26] Vitruvio Livro I Pref. 3 "...conscripsi praescriptiones terminatas ut eas adtendens et ante facta et futura qualia {sint} opera per te {posses nota} habere; namque his uoluminibus aperui omnes disciplinae rationes".

Introductio – Praefacio Volumina
Composto por dez parágrafos. Introduz as razões que o levam a escrever o Tratado e a importância da variedade de disciplinas na instrução dos arquitectos, mencionando a necessidade de uma relação equilibrada entre a *fabrica* e o *raciocínio*.

Praefacio Primus Volumen
Composto por oito parágrafos. Este prefácio apresenta grandes semelhanças com os prefácios dos restantes livros. Faz uma argumentação em prol da transdisciplinaridade dos diversos conhecimentos, com base na síntese arquitectónica, terminando com uma *excusatio* a César e a todos os leitores sobre os seus dotes gramaticais medíocres[27], oferecendo a obra, tanto aos que edificam como a todos os eruditos.

Caput Primus
Organiza-se em dez parágrafos. Desenvolve e esclarece o sentido constitutivo dos seis operadores – ordenação, disposição, euritmia, simetria, decoro e distribuição - na concepção arquitectónica.

Caput Secundus
Organiza-se em dois parágrafos. Refere-se às três partes da disciplina e do exercício da profissão arquitectónica - a construção, a gnómica e a mecânica. Considerando que em todas se deve respeitar três aspectos, a solidez, a utilidade e a beleza.

Caput Tertius
Organiza-se em doze parágrafos. Destes, dez tratam das *temperaturae* e os dois últimos da qualidade do ar.[28]

Caput Quartus
Organiza-se em oito parágrafos e trata da localização, implantação e distribuição, bem como dos materiais, das fundações e da construção das muralhas e torres. Entre o 5º e o 6º parágrafo parece faltar um parágrafo que trataria das terraplanagens.

Caput Quintus
Composto por treze parágrafos, trata dos ventos e organização interna das cidades, de acordo com princípios de salubridade.

Caput Sextus
Constituido por dois parágrafos, trata da distribuição dos espaços comuns e dos edifícios públicos (sagrados), na cidade e nos seus arredores.

Por outro lado, era importante rever as diversas versões manuscritas latinas, mas as dificuldades de leitura directa obrigavam a um esforço e um custo absurdos[29].

---

[27] No sentido literal de mediano e não no sentido pejorativo que hoje adquiriu o termo.
[28] Estes dois últimos parágrafos poderiam estar agregados no capítulo seguinte.

Dado já existirem copias editadas dos principais manuscritos, optei pela consulta dos manuscritos que nunca chegaram a ser editados. A base de compilação daqueles textos latinos provêm das diversas edições que têm como base os manuscritos descritos na terceira parte deste trabalho (21 dos 78 manuscritos existentes). Dado que seria excessivo assinalar todas origens, limitámo-nos a assinalar apenas as diferenças das 2 principais famílias, fazendo ocasionalmente referência às divergências gramaticais dos manuscritos (V) e (W).

---

[29] Embora tenham sido realizadas algumas viagens às bibliotecas europeias, com a consulta directa dos manuscritos, o custo das viagens e estadias verificou-se excessivo.

Segunda Parte

Siglas e sinais gráficos usados neste livro na versão latina:

Sempre que se trate da omissão numa ou em várias versões (manuscritos e/ou edições) aparecem as chavetas [---]. Sempre que existe uma inserção de uma palavra apenas em edições aparece o parentesis curvo (---).

Sempre que aparece apenas um termo ou conjunto de termos dentro de parentesis {---} significa que as diversas versões apresentam diferenças gramaticais que não alteram substancialmente o sentido do texto. Neste caso o termo é escolhido de acordo com o número de ocorrências nas diversas versões, ou pela sua coerência. Sempre que existe uma possível alteração de sentido aparecem as diversas versões {---/---/---}, também pode ocorrer uma nota de rodapé com as variações gramaticais ou de língua, quando os termos são considerados definidores de conceitos importantes ou, quando aparecem em grego.

*Existem nuances que não são tomadas em consideração, quer porque não alteram o texto, quer porque se tratam de casos particulares (erros de cópia por exemplo) em versões menos significativas. Consideram-se versões significativas, as edições impressas e as principais famílias dos manuscritos. Os manuscritos **V** (Vaticanus Regin. 1328) e **S** (Scletstatensis 1153 b, nunc 17) são os que apresentam mais omissões na primeira mão e mais correcções posteriores. O manuscrito **W** (Vaticanus Regin. 2079) parece ser o mais ideosincrático de todos. As maiores "oposições" verificam-se entre os manuscritos da família **H** e os da família **G**.*

De Architectura *(Αρχιτεκτονική)*
Vitruvio

Dedicatio (Dedicatória, ex Prefácio do Livro I)[30]

** _Prefácio do Livro I ou Dedicatória referente aos dez livros*

1. *[Cum diuina tua mens] et numen, Imperator Caesar, imperio potiretur orbis terrarum, inuictaque uirtute cunctis hostibus stratis, triumpho uictoriaque tua ciues gloriarentur et gentes omnes subactae tuum spectarent nutum populusque romanus et senatus liberatus timore, amplissimis tuis cogitationibus consiliisque gubernaretur, non audebam, tantis occupationibus, de architectura scripta et magnis cogitationibus explicata edere, metuens ne, non apto tempore {interpellans}, subirem tui animi offensionem.*

1. Com a tua divina mente e númen[31], Imperador César[32], ao império submeteste o mundo inteiro, com invicta virtude[33], conquistastes e prostrastes todos os inimigos, e todas as gentes submetidas colocastes às tuas ordens,[34] fazendo com que os teus cidadãos se glorificassem com o teu triunfo e victória, libertando do temor, as populações romanas e o senado, (doravante) governados pelos teus pensamentos e conselhos. Não ouso, no meio de tão grandes ocupações, pedir para te falar dos escritos de arquitectura que conclui depois de grandes reflexões, pois receio desagradar-te interpelando-te em tempo inoportuno[35].

---

[30] Sobre a divisão dos capítulos que aqui aparece remeto o leitor para a introdução deste volume.

[31] O termo númen permanece em português e significa: divindade do paganismo; poder celeste; inspiração; génio; majestade divina. As traduções mais semelhantes são de Mau. "genie", de Per. "genie", de Ort. "numen" e de Urr. "deidad";. As restantes variam bastante: Row. "godly presence"; Fle.I "volonté"; Mac. "grandeza"; Mar. "majesté".

[32] A referência é a Octávius (Caius Julius Caesar Octaviannus Augustus 63 a.C – 14 d.C), o sobrinho neto e filho adoptivo de Júlio César.Ver a Introdução neste mesmo volume.

[33] Virtude é tomada com o sentido de força e coragem.

[34] Existe aqui necessidade de recolocar a frase *"et gentes omnes subactae tuum spectarent"*, antes de *"triumpho uictoriaque tua ciues gloriarentur"* pois intercalando-a, como está na maioria das traduções modernas, torna o texto confuso. Acreditamos que esse facto não retira o sentido da frase, pelo contrário ajuda a torná-la mais inteligível. No entanto podem ficar aqui as traduções de J. Macial e Ph. Fleury. Traduz assim o primeiro: «tendo-se gloriado os cidadãos com a tua vitória e triunfo, dependendo do teu gesto todos os povos submetidos...»; e o segundo traduzindo por: «...les citoyens se glorifiaient de ton triomphe et de ta victoire, que tous les nations soumises étaint à tês ordres...". As traduções anteriores não são tão literais e rigorosas.

[35] Duas outras traduções possíveis são dadas por: Victor Mortet (1904; 46) "Não ouso falar-vos nos meus escritos sobre arquitectura por causa das vossas grandes preocupações, nem vos submeter os

2. Cum uero {adtenderem} te non solum de uita communi omnium curam publicaeque rei {constitutionem} habere, sed etiam de opportunitate publicorum aedificiorum ut ciuitas per te non solum prouinciis esset aucta, uerum etiam [ut] maiestas imperii publicorum, aedificiorum egregias haberet auctoritates, non putaui praetermittendum quin primo quoque tempore de his rebus ea tibi ederem, ideo quod primum parenti tuo de eo fueram notus et eius uirtutis [erat] studiosus. Cum autem {concilium} caelestium in sedibus inmortalitatis eum dedicauisset et imperium parentis in tuam potestatem transtulisset, idem studium meum in eius memoria permanens in te contulit fauorem. Itaque cum M. Aurelio et P. {Minidio} et Gn. Cornelio ad apparationem {ballistarum} et {scorpionum} reliquorumque tormentorum (et eorum) refectionem fui praesto et cum eis commoda accepi; {quae cum / quecumque} primo mihi tribuisti, {recognitionem} per sororis commendationem seruasti [in animo].

2. (Mas) vendo que, tu, cuidas não só da vida comum de todos e da constituição da coisa pública (do Estado), mas ainda da providência dos edifícios públicos, de tal modo que através de ti, a cidade, não só foi engrandecida de províncias, como a majestade do império se distinguiu com a egrégia autoridade dos edifícios públicos, não podia deixar de, na primeira ocasião, mostrar-te os meus trabalhos sobre esse assunto, até porque foi nesses estudos que fui notado por teu pai[36], de cuja virtude era devoto.

Como, porém, a assembleia dos deuses lhe dedicaram o assento da imortalidade e o império de teu pai passou para o teu poder, permanecendo a sua memória em mim determinou-me tomar o teu partido. Por isso fui encarregado, com M. Aurélio, P. Minidio e o Gen. Cornélio, de construir balistas e escorpiões, bem como tratar da reparação de máquinas de arremesso e com eles recebi gratificações que após as teres atribuído por reconhecimento, preservaste por recomendação de tua irmã[37].

3. Cum ergo eo beneficio essem obligatus, ut ad exitum uitae non haberem inopiae timorem, haec tibi scribere coepi; quod animaduerti multa te {aedificauisse} et nunc aedificare, reliquo quoque tempore et publicorum et priuatorum aedificiorum pro amplitudine rerum gestarum ut {posteris} memoriae traderentur curam habiturum, conscripsi praescriptiones terminatas ut eas adtendens et ante facta et futura qualia {sint} opera per te {posses nota} habere; namque his uoluminibus aperui omnes disciplinae rationes.

---

meus comentários sobre esta arte, quando tendes grandes preocupações de governação."; e por Fleury (2003; 1) na qual se pode ler "... não ousaria, no meio de tão grandes ocupações, aparecer com o que escrevi e desenvolvi sobre arquitectura depois de longa meditação: receio expor-me ao teu desagrado incomodando-te num momento inoportuno".

[36] Note-se que aqui Vitrúvio se refere directamente a César como pai adoptivo de Octávio.

[37] Presume-se tratar-se de Octávia Júlia Turino, uma importante e determinante figura.

3. Como eu, por esse benefício, estivesse obrigado e não temendo a pobreza no fim da vida, comecei a escrever isto para ti; porque observei que havias edificado e continuas a edificar e que no futuro também te ocuparás de monumentos públicos e privados que serão entregues à memória que a posteridade terá da amplitude dos teus feitos. Redigi regras precisas, para que, tendo-as presentes, possas julgar por ti mesmo, a qualidade das obras feitas e futuras; pois nestes volumes revelo todas as regras da disciplina.

Praefacio Volumina – Prefácio da Obra (Introductio, ex Cap. 1)

I - De architectis instituendis
**I_ A instrução do arquitecto*

1. Architecti est scientia pluribus disciplinis et variis eruditionibus ornata [cuius iudicio probantur omnia[38]] quae ab ceteris artibus perficiuntur opera. Ea nascitur {ex} fabrica et {ratiocinatione[39]}. Fabrica est continuata ac trita usus meditatio quae manibus perficitur e materia cuiuscumque generis [cuius] opus est ad propositum deformationis. Ratiocinatio autem est quae res fabricatas sollertiae ac rationis pro portione demonstrare atque explicare potest.

1. O saber, do arquitecto, é ornado de muitas disciplinas[40] e diversos conhecimentos[41], cabendo-lhe avaliar todas as obras feitas pelas restantes artes[42]. Ele nasce pela (com a) fábrica[43] e pelo (com o) discurso[44]. A fábrica é a preparação continuamente exercitada pela experiência, e esta é aperfeiçoada pelo trabalho manual que partindo da matéria, qualquer que seja o seu género, a conforma com um determinado propósito. O discurso é o poder de demonstrar e de explicar, o que foi fabricado com a razão da proporção.

2. Itaque architecti qui sine litteris contenderant ut manibus essent exercitati non potuerunt efficere ut haberent pro laboribus auctoritatem; qui autem ratiocinationibus et litteris solis confisi {fuerunt} umbram non rem persecuti videntur. At qui utrumque perdidicerunt, uti omnibus armis ornati, citius cum auctoritate quod fuit propositum sunt adsecuti.

---

[38] Trata-se de um dos trechos mais característico da família dos manuscritos de texto largo, os Gaudianus.

[39] Variante: rationatione. É importante notar como o fez Fleury que aqui a *ratiocinatio* aparece referindo o que foi fabricado no passado, assumindo só então um papel activo e por isso descritivo.

[40] Neste particular *disciplinas* deve ser tomado como o saber proveniente da filosofia, da matemática, etc. aquilo que Vitrúvio interpreta como um saber.

[41] O conhecimento implica para Vitruvio um saber letrado como se vê no segundo parágrafo.

[42] Existe uma polémica velada sobre o sentido algo "desmesurado" desta frase de Vitruvius, que aparece com a introdução no texto largo (**G**) do excerto [cuius iudicio probantur omnia]. No entanto a nossa interpretação é a de que o sujeito da frase não é o arquitecto, mas o «saber» e por isso, é esse saber entre a fabrica e o discurso que se aplica a todas as artes e não a especificidade do saber arquitectónico. Isto é, esse saber fruto da relação entre fábrica e discurso, aplica-se a todas as artes.

[43] A tradução de *fabrica* por prática, é geralmente aceite por muitos autores desde o Renascimento no entanto o conceito e os correspondentes significados que hoje aquele assume podem induzir-nos em erro. Usamos o termo *fabrica.*e remetemos o leitor para os nossos comentários ".Uma relação entre o raciocínio e a fábrica, a *solertia*" no terceiro capítulo deste livro.

[44] O sentido de *ratiocinatione*, (*ratiocinatio.ne*, f. não é de fácil interpretação, por isso optámos por discurso. Uma vez mais remetemos o leitor para os nossos comentários.

2. Por isso os arquitectos que, sem o auxílio das letras, exerceram apenas com as mãos, não conseguiram obter autoridade para os seus trabalhos; também os que apenas nas letras e razão discursiva confiaram parecem perseguir as sombras e não a realidade. Mas os que estudaram as duas, estando ornados com todas as armas, alcançarão o seu propósito mais rapidamente e com autoridade[45].

3. Cum in omnibus enim rebus tum maxime etiam in architectura haec duo insunt: quod significatur et quod significat. Significatur proposita res, de qua dicitur; hanc autem significat demonstratio rationibus, doctrinarum explicata. Quare uidetur, utraque parte exercitatus esse debere, qui se architectum profiteatur. Itaque eum [etiam], ingeniosum oportet esse, et ad {disciplinam} {docilem}; neque enim ingenium sine disciplina [aut] {disciplina sine ingenio} perfectum artificem potest efficere. Et ut litteratus sit, peritus {graphidos}, eruditus geometria, historias {complures} nouerit, {philosophos} diligenter audierit, musicam scierit, medicinae non sit ignarus, responsa iurisconsultorum nouerit, astrologiam caelique rationes cognitas habeat.

3. Com efeito, assim como em todas as coisas e sobretudo na arquitectura, existem duas inerências: o que é significado e o que significa. O significado é a coisa proposta, da qual se fala; enquanto o que significa, é a explicação doutrinal demonstrada pelo discurso. Assim aquele que quer ser reconhecido como arquitecto deve ser exercitado em cada uma daquelas partes. É por isso que, é necessário que seja dotado (de engenho) e disposto a aprender as razões da disciplina; com efeito dons sem conhecimentos ou conhecimentos sem dons não podem fazer um artifice perfeito. É necessário que seja letrado, perito no desenho, erudito na geometria, saber um bom número de estórias (narrativas históricas[46]), ser um diligente ouvinte dos filósofos, saber música, não ser ignorante de medicina, saber responder à jurisprudência, possuir o conhecimento da astrologia e das razões do céu.

---

[45] Em Roma a ascensão ao título de Arquitecto, podia ser: nas artes liberais, geralmente escravos gregos libertados que realizavam um «estágio» com um Mestre construtor; no exército pela ascensão ao posto de Engenheiro de «máquinas de guerra»; ou no caso dos nobres através dos escalões do serviço civil imperial, pela «administração pública ou imperial». Em todos estes casos era necessário um certo saber adquirido na experiência e uma formação letrada adequada.

[46] De acordo com a tradução de Justino Maciel «narrativas de factos históricos», ora julgo que esta ideia de factualidade contemporânea e de disciplina científica não existe naqueles tempos. Considero mesmo que Vitruvio se refere a estórias, no sentido de uma narrativa em prosa, fictícia ou não, no sentido de instruir o ouvinte ou o leitor. A questão factual que dá sentido moral e ético tem sempre importância mas o rigor dessa factualidade não, já que, só nos dias de hoje, rigor e factualidade adquirem o valor de determinações.

4. Quae cur ita {sint}, {haec} sunt causae. Litteras architectum scire oportet uti commentariis memoriam firmiorem efficere possit. Deinde, graphidis scientiam habere {quo}, facilius, exemplaribus pictis, quam uelit operis speciem deformare ualeat. Geometria autem plura praesidia praestat architecturae; et primum [ex] euthygrammis circini tradit usum, e quo maxime facilius aedificiorum in {areis} expediuntur {descriptiones} normarumque et librationum et linearum directiones. Item per {opticen} in aedificiis {ab certis} regionibus caeli lumina recte {ducuntur}. Per {arithmeticen} uero sumptus aedificiorum {consummantur}, mensurarum rationes explicantur difficilesque symmetriarum quaestiones geometricis rationibus et methodis inueniuntur.

4. Qual a causa disto ser assim?

É necessário que o arquitecto possua o conhecimento das letras, para que deixe de si uma memória mais firme ao redigir comentários. Também, deve possuir a ciência do desenho a fim de mais facilmente representar, através de exemplares pintados, a forma que deseja para as suas obras. A geometria pelo seu lado muito préstimo dá à arquitectura; imediatamente após o uso das réguas, ela ensina o uso do compasso, o qual permite explicar gráficamente a implantação dos edifícios[47], (com a ajuda) dos esquadros, dos níveis e dos lineamentos. O mesmo se pode dizer da óptica, pois esta permite dar ao edifício, de acordo com as regiões do céu (orientação celeste), uma iluminação correcta[48]. Através da aritmética, somam-se as despesas da edificação, explicam-se os cálculos das medidas e encontram-se soluções para as dificeis questões da simetria através das relações e dos métodos geométricos.[49]

---

[47] A tradução aqui é a de "aedificiorum in areis" que literalmente significa "edificar na área" e que traduzimos por "implantação dos edifícios", pois é disso que se trata. Os termos, manifestam curiosamente uma directa ligação, inexistente nos dias de hoje, entre a representação e a edificação.

[48] A tradução desta frase é quase literal, a maioria das traduções, é mais prolixa. Fle. "De méme grace à l'optique on ménage correctement dans les édifices les ouvertures à partir de certaines orientations."; Row. "Likewise, through of optics windows are properly designed so as to face particular regions of heaven."; Mar. "Par la perspective l'Architecte entedra comment il faut avec bonne raison donner le jour a ses edifices, et le faire venir de certaines parties du ciel." Ort. "Con la optica se toman en los edificios las mejores luces y de mejor parte." Blá. "Igualmente, merced a la óptica, sabrá dar rectamente la mejor luz a los edifícios, segun la diferente disposition del cielo."; Mau. "Au moyen de l'optique, les édifices reçoivent des jours à propos, selon les dispositions du ciel."; Mac. "Em segundo lugar, porque, através da óptica, se orientam correctamente os vãos de iluminação nas construções a partir de determinadas zonas da abóbada celeste."; Per. "L'Optique luy sert à savoir prendre les jours e faire les ouvertures à propos selon la disposition du ciel."; Mor. "By means of optics, again, the light in buildings can be drawn from fixed quarters of the sky"; etc.

[49] Esta frase parece-nos ser a melhor tradução do original, pois não desliga "as difíceis questões da simetria ou da comensurabilidade (aqui concordamos com Maciel) das "relações e métodos geométricos", pela simples razão de que as difíceis questões da simetria ou comensurabilidade é a das relações e métodos geométricos. Não é graças a eles, nem através deles, que surge o problema da comensurabilidade, mas antes é neles.

5. Historias autem plures nouisse oportet, quod multa ornamenta saepe in operibus architecti designant, de quibus argumentis rationem cur fecerint quaerentibus reddere debent. Quemadmodum si quis statuas marmoreas muliebres stolatas, quae {caryatides} dicuntur, pro columnis in opere statuerit et insuper mutulos et coronas conlocauerit, {percunctantibus} ita reddet rationem: Carya, ciuitas {peloponensis}, cum Persis hostibus contra Graeciam consensit. Postea Graeci, per {uictoriam} gloriose bello liberati, communi consilio {cariatibus} bellum indixerunt. Itaque, oppido capto, uiris interfectis, ciuitate {declarata}, matronas eorum in seruitutem {abduxerunt} nec sunt passi stolas neque ornatus matronales deponere uti non {una} triumpho ducerentur, sed aeterno seruitutis exemplo; graui contumelia {pressae}, poenas pendere uiderentur pro ciuitate. Ideo qui tunc architecti fuerunt aedificiis publicis designauerunt [quod] earum imagines {oneri} {ferendo} conlocatas ut etiam posteris nota poena peccati {Caryatium} memoriae traderetur.

5. Também, é necessário conhecer muitas e variadas estórias[50], porque os arquitectos desenham numerosa ornamentação que aplicam nas suas obras, cujos argumentos e razões de ser, têm o dever de dar, a quem lhas pedirem. De tal maneira que, se alguém, substitui numa obra as colunas por estátuas de mármore de mulheres com stola[51], que se designam cariátides e na parte superior coloca mútulos e cornijas, do seguinte modo, dará conta das suas razões a quem o questionar: Cária cidade do Poloponeso, tomou o partido dos inimigos Persas contra a Grécia[52]. Depois dos Gregos pela gloriosa vitória na guerra, daqueles se libertarem, de comum acordo declararam guerra aos cariates. Por isso, capturada a praça forte, mortos os homens, destruída a cidade, escravizaram as matronas e não lhes permitindo libertarem-se das vestes e adornos foram, assim, conduzidas, em conjunto, no cortejo triunfal, como exemplo da sua eterna servidão; com tal ultraje pareciam suportar o castigo por toda a cidade. Por essa razão é que os arquitectos desenharam edifícios públicos com as suas imagens (estátuas) colocadas a suportarem peso, de modo que fosse transmitida como memória para a posteridade, a falta e o castigo dos cariates.

---

[50] A tradução de *"Historias autem plures"* pelas expressões "muitas e variadas estórias" e não simplesmente por "História" parece-nos mais correcta dado que o conceito contemporâneo da História como disciplina ainda não existia.

[51] *Stola* é o tipo de vestido usado sobre a túnica pelas matronas.

[52] Vitruvio refere-se às guerras entre Persas e Gregos só terminadas em 450 a.C. Durante o primeiro saque de Atenas 480 a.C. os Persas destruíram os templos da Acrópole. Pesem embora os argumentos de Ferrari (2002) de que o templo arcaico de Atenas (segundo Dörpfeld) teria sido o antepassado do Erechtheion e de que não teria sido destruído pelos Persas, chegando mesmo ao período Romano constituindo um modelo na reconstrução de Atenas por Péricles e os contra-argumentos de Jari Pakkanen (2002), que rebatem a tese considerando que o inventário IG 13 474 se refere ao actual Erechtheion.

6. *Non minus Lacones, Pausania {Hagestillaepolidos / Agesilae filio} duce, {Pitalco / Plataico*[53]*} proelio pauca manu infinitum numerum exercitus Persarum cum superauissent, acto cum gloria triumpho spoliorum et praedae, {porticum} persicam ex {manubiis}, laudis et {uirtutis} ciuium {indicem}, uictoriae posteris pro {tropheo} constituerunt. Ibique {captiuorum} {simulacra} barbarico uestis ornatu, superbia meritis contumeliis punita, sustinentia tectum conlocauerunt uti et hostes horrescerent timore eorum fortitudinis effectus et ciues id exemplum uirtutis aspicientes gloria erecti, ad defendendam libertatem essent parati. Itaque ex eo {multi} statuas persicas sustinentes {epistilia} et ornamenta eorum conlocauerunt [et ita ex eo argumento uarietates egregias auxerunt operibus]. Item sunt aliae eiusdem generis {historiae} quarum notitiam architectos tenere oporteat.*

6. Não menos fizeram os Espartanos[54], que comandados por {Archidamos / Pausânias}, filho de {Agesilas[55] / Cleombroto}, derrotaram, com um punhado de homens, o infinito número do exército dos Persas, na batalha de {Carya / Platéias}, acto cuja glória e triunfo de despojos e presas serviram para a construção do Pórtico dos Persas, que constitui um troféo para a posteridade, da honra e virtude dos cidadãos. Lá colocaram, a sustentar a cobertura (como colunas), simulacros dos prisioneiros, ornados com as suas vestes bárbaras (trajes originais persas), punindo, desse modo, a sua soberba com merecido ultraje, temendo os inimigos horrorizados aquele efeito encorajador e os cidadãos ao ver aquele exemplo de coragem erguido à sua glória estariam prontos para defender a liberdade.
Por isso, a partir daí, muitos usaram estátuas Persas para a sustentação de arquitraves com aqueles ornamentos. E assim, a partir desse argumento (dessa história) aumentaram a variedade de egrégias (distinções) das obras. Existem

---

[53] Este último é da edição de Rose.

[54] Lacones (Ort.; Urr.; Gal.) e Lacedemónios (Flel.; Per.; Mac.; Blá.) são os dois nomes dados aos habitantes de Lacedemonia (Mar.) ou Esparta, os Espartanos (Row.).

[55] O nome de Agesilau como pai de Pausânias levanta alguma celeuma. Aparecem duas expressões a de Hagestillaepolidos e a de *Agesilae filio* e ainda nas edições de Ort., Per., Mau. e y Blá., aparece o nome de Cleombroto como pai de Pausânias. Aquele autor alega, contra todas as versões latinas que consultei [a de Giocondo, a de Sculpitius, a de Taubner, etc.], que o capitão Pausanias vencedor da Batalha de Platea no ano 2º da Olympíada 75 (ano 479 a.C.) é indubitavelmente filho de Cleombroto, como atestam Herodoto, Tucídides, Plutarco, Pausanias, Suidas e outros. Alega também que Philander (nos seus comentários) refere ter tido acesso a alguns manuscritos onde constava o nome de Elcombroto. Com base nos nove livros de História [concretamente no Livro 5] de Heródoto de Halicarnaso, sabe-se que Cleombroto era irmão de Agesilas, o que coloca Pausanias como filho do primeiro e sobrinho do segundo (página 34 do Tomo V de "Los Nueve Libros de La Historia", Ediciones elaleph.com, 2000). Fleury adverte no entanto que Plutarco também dá o nome de Pausanias ao filho de Agesilau. A expressão *Hagestillaepolidos* pode derivar de um erro em que na base estaria *agesipolidos t illas* ou *agesilae t polidos*. Também pode ter havido alguma confusão entre dois episódios, um será a batalha de 368 a.C. na guerra entre Esparta e Tebas, em que temos Archidamos, o vencedor de Carya e que é filho de Agesilas e o outro seria a batalha da planície de Platéias em 479 a.C. que praticamente termina com as guerras médicas. Por esta razão colocámos as duas versões. Considerando que a mais correcta seria a que refere a batalha de Carya.

outras histórias semelhantes a estas, cuja notícia deve ser do conhecimento dos Arquitectos.

7. Philosophia uero perficit architectum animo magno et uti non sit adrogans, sed potius facilis, aequus et fidelis, sine auaritia, quod est maximum; nullum enim opus uere sine fide et castitate fieri potest; ne sit cupidus neque in muneribus {accipiendis} habeat animum occupatum, sed cum grauitate suam tueatur dignitatem bonam famam habendo; et haec enim {philosophia} praescribit. Praeterea de rerum natura, quae graece {φυσιολογία / fisiologia} dicitur [quae], philosophia explicat. Quam necesse est studiosius {nouisse} quod habet multas et uarias naturales quaestiones ut etiam in aquarum ductionibus. {In cursibus} [enim] et circuitionibus et librata planitie expressionibus spiritus naturales aliter atque aliter fiunt quorum offensionibus mederi nemo poterit nisi qui ex philosophia principia rerum naturae nouerit. Item {qui cumthesbia / qui Ctesbi} aut Archimedis et ceterorum qui eiusdem generis praecepta conscripserunt leget, sentire non poterit nisi his rebus a philosophis erit institutus.

7. A filosofia torna o arquitecto magnânimo e não arrogante, de mais fácil trato (prestável), leal e justo, sem avareza, o que é fundamental; com efeito nenhuma obra pode, verdadeiramente, ser feita sem integridade e fidelidade. Não será tentado pela cobiça nem manterá o espírito ocupado com os honorários, mas ao contrário, com firmeza procurará manter a dignidade e a boa fama; pois tudo isto prescreve a filosofia. A filosofia explica também a natureza das coisas que em grego se diz *fisiologia*. Esta tem inevitávelmente de ser bem estudada, pois trata de muitas e variadas questões naturais nomeadamente as condutas de água. Quando nas (secções) descendentes, nas curvas e ascendentes[56] da superfície

---

[56] Esta passagem tem sido alvo de muita polémica, senão vejam-se as traduções: Mar. "qui en leurs cours tiennent des voyes toutes contraires les unes aux autres, veu qu'elles coulent autrement par les plaines qu'a travers les pays montueux. Chose qui vient seulement par les impulsions des espritz naturelz, auz violences dequelz nul ne sauroit mettre remede ...";Per. "... pour laquele il doit fçavoir que tant en celles qui font conduites par des détours en montant & en defcendant qu'en celles qui font mennées de niveau, fi elles font refferrées dans les tuyaux, il s'enferme naturellement des vents, tantof d'une maniere, tantoft d'une autre; ce qui fait que ceux qui...". Gal. " perocchè da loro corfi, giri, e falite dal piano orizzontale fi generano ne'tubi or in un modo, or in altro de'venti, all'urto de'qualli non faprà rimediare ...". Ort. " ... porque en su camino, rodeos y subidas se excitam ayres de varias maneras, cuya resistencia no podrá evitar sino quien ...". Mau. "Dans les tuyaux dirigés, par différents détours, de haut en bas, sur le plan horizontal, de bas en haut, l'air pénètre de bien des manières avec l'eau;". Gwi. "as for instance, in the conduct, whose natural force, in its meandering and expansion over flat countries, is often such as to require restraints, which none know how to apply, but ...". Mor. "For at points of intake and at curves, and at places where it is raised to a level, currents of air naturally form in one way or another; and ...". Blá. "... pues en sus rodeos, en sus subidas y bajadas en las diferencas de nivel y en las tuberias que las conducen, se originan, ya de otra, corrientes de aire de distinta naturaleza, a cuyo impulso no sabria ...". Row. " For natural water pressures differ, depending on whether one is dealing with swift downhill runs, curvatures, or ascents up onto a gradual slope, and no one can compensate for the impact of this pressures except someone ...". Flel. "En effet dans les

plana do ventre (de um sifão invertido), criam-se aqui e ali (a montante e a juzante) gases naturais (diferenças de pressão), cujos inconvenientes só podem ser remediados por quem, pela filosofia, seja conhecedor dos princípios da natureza das coisas. Do mesmo modo quem ler os preceitos descritos por Ctesibio[57], Arquimedes e outros, não os poderá entender se não tiver sido instruído pelos filósofos.

8. Musicen autem sciat oportet uti {canonicam} rationem et mathematicam notam habeat, praeterea {balistarum}, catapultarum, scorpionum temperaturas possit recte facere. In capitulis enim dextra ac sinistra sunt foramina {emitoniorum} per quae tenduntur {suculis / scutulis / surculis} et uectibus e neruo torti funes qui non praecluduntur nec praeligantur nisi sonitus ad artificis aures certos et aequales {fecerunt}. Bracchia enim quae in eas tentiones includuntur, cum extenduntur, aequaliter et pariter {utraeque} plagam mittere debent quod, si non {omotonia} fuerint, inpedient directam {impedient directam} telorum missionem.

8. É também preciso que conheça música para poder estar familiarizado com as regras canónicas e matemáticas, bem como para poder equilibrar correctamente as balistas, as catapultas e os escorpiões[58]. Com efeito no capítulo[59] (cabeça dessas máquinas), tanto à esquerda como à direita estão os orifícios dos meios-tons[60] (de torção das cordas) por onde passam e são tensionadas por alavancas as cordas de nervo torsido. Essas cordas só são laçadas ou apertadas de acordo com a igualdade do som particular que produzem no ouvido do artesão. Pois quando os

---

descentes, dans les courbures et dans les remontées après la surface plane du ventre, il se crée ici et là des pressions naturelles aux inconvénients desquelles ne pourra remédier qu'un homme ...". Mac. "Por exemplo, nas descidas, nas curvaturas e nas subidas a partir de planos horizontais geram-se aqui e ali fenómenos naturais cujas consequências ninguém poderá remediar, a não ser aquele...". Nenhuma das traduções, com excepção de Fleury (pese embora só as notas o revelem), parece ter percebido que Vitruvio se refere a condutos pressurizados, mais especificamente a problemas muito semelhantes aos encontrados nos sifões invertidos, dai o termo *librata planitie* que aqui deve ser traduzido por ventre, ou barriga, que é a secção plana, abaixo da linha piezométrica, imediatamente anterior ao conduto ascendente.

[57] O nome deste mecânico (infra-estruturas) de Alexandria do século III a.C. foi sendo estabilizado ao longo dos tempos, pois nas primeiras edições, tanto as de Johannes Sulpitius Verulanus de 1486-97 e as de Giovanni Giocondo 1511) aparece como Thefbia(e) enquanto na edição de 1522 do mesmo Giocondo mas de Florença aparece Ctefibii.

[58] A catapulta e o escorpião (descendentes do οξυβέλες grego) são nesta altura lançadores de dardos, enquanto a balista é um lançador de pedras.

[59] Tratando-se de uma designação, embora o termo possa ter outros significados, perece-nos conveniente manter o sentido original. Vitruvio dá um sentido anatómico (órgão) aquelas máquinas quando se refere à sua cabeça ou capítulo.

[60] Vitruvio designa aqui os objectos pelo efeito sonoro que os mesmos produzem quando tencionados ou em afinação. Aparecem nas diversas versões três variações, os termos *emitoniorum, hemitoniorum ou semitoniarum*. Emitoniorum, que é o mais comum parece ser a conjunção de dois termos: emi que neste caso significaria "donde se obtém" e toniorum que significa tom. Hemitoniorum, que aparece nos manuscritos longos, e semitoniarum significam meio-tom e semitom, que é a mesma coisa.

braços estão dobrados pela tensão das cordas e ao retomarem a sua posição natural, depejam o dardo directamente e equilibradamente num mesmo ponto; mas se não estiverem unissonantes, não lançam o dardo direito[61].

9. Item theatris uasa aerea quae in cellis sub gradibus mathematica ratione conlocantur {conlocatur} {sonitum et discrimina}, quae Graeci { ηεχεα / hechea } appellant, ad symphonias musicas, siue concentus, componuntur diuisa in circinatione diatessaron et diapente {et disdiapason} (ad) uti uox scaenici sonitus conueniens in dispositionibus tactu cum offenderit aucta cum incremento clarior et suauior ad spectatorum perueniat aures. Hydraulicas quoque machinas et cetera quae sunt similia his organis, {sine} musicis rationibus efficere nemo poterit.

9. Do mesmo modo nos teatros, os vasos de bronze que os gregos designam *echea*, são colocados em celas e sob os degraus, de acordo com as regras matemáticas das sinfonias musicais. São dispostos de acordo com a divisão regular da circunferência (cávea) de modo a que a voz do actor, neles se repercuta apropriadamente e em ressonâncias que vão do intervalo da quarta e da quinta até à dupla oitava, chegando mais clara e suave aos ouvidos dos espectadores[62]. Não poderá fazer nenhum órgão hidráulico[63] ou outras máquinas semelhantes, quem não conhecer as regras musicais.

10. Disciplinam uero medicinae {nouisse} oportet propter inclinationem caeli, quae Graeci {κλίματα / climata} dicunt, et aeris et locorum, qui sunt salubres aut pestilentes, aquarumque usus; sine his enim rationibus nulla salubris habitatio fieri potest.
{Iura} quoque nota habeat oportet ea quae necessaria sunt aedificiis communibus parietum ad ambitum stillicidiorum et cloacarum (et) {luminum}. Item aquarum ductiones et cetera quae {eiusmodi} sunt nota oportet sint architectis uti ante caueant quam instituant aedificia ne controuersiae, factis operibus, patribus familiarum relinquantur et ut legibus scribendis prudentia cauere possit et locatori et conductori; namque si lex perite fuerit scripta, erit ut sine captione uterque ab utroque liberetur.

---

[61] Qualquer uma destas máquinas apresenta uma "cabeça", um "quadro" ou "capitulo", que é a parte superior e posterior das mesmas, onde estão colocados os dois cilindros de torção das cordas (torniquetes) e as respectivas alavancas de torção. É nesses torniquetes que são apertados (entalados) os dois braços de arremesso dessas máquinas. O que Vitruvio nos diz é que o equilíbrio das catapultas, das balistas e dos escorpiões dependia da igualdade de torção das cordas dos torniquetes. Esse equilíbrio era conseguido através da igualdade dos sons (uníssono) que ambos produziam quando eram torcidos. De tal modo que a força de libertação da torção de cada um deles devia ser igual, pois só assim projectam os dardos correctamente, sem desvios. Em geral as diversas traduções consultadas são bastante confusas neste parágrafo.
[62] Aqui, devido à ausência de pontuação e à lógica da sintaxe, tivemos de alterar um pouco o texto, sob pena de se tornar incompreensível.
[63] Que serão objecto do Livro X.

Ex {astrologia} autem cognoscitur oriens, occidens, meridies, [et] septentrio etiam caeli ratio, aequinoctium, solstitium, astrorum cursus; quorum notitiam si quis non habuerit, horologiorum rationem omnino scire non poterit.

10. Por outro lado, é necessário conhecer a disciplina da medicina, por causa das inclinações do céu, que os Gregos chamam *"climata"*, assim como os ares e também os lugares, que são salubres ou pestilentos, assim como as águas que se usam; sem esse conhecimento nenhuma habitação salubre se pode fazer.

Também é necessário possuir anotações das juras[64] pois é inevitável o seu uso nos edifícios de paredes comuns, no ambito das águas da chuva, dos esgotos e das janelas[65]. Tal como os ductos das águas outros assuntos do mesmo género devem ser conhecidos dos arquitectos, de modo que, antes de começar as obras, tenha em atenção evitar deixar aos chefes de família possíveis controvérsias após a obra terminar, e que na redacção dos contractos tenha em atenção e acautele os interesses do proprietário e do comprador. Pois se o contrato for redigido com conhecimento, um e outro ficarão libertos de perdas.

Pela Astrologia se conhece o oriente (este), o ocidente (oeste), meio-dia (sul), setentrional (norte), assim como as regras celestes, dos equinócios, dos solstícios e o curso dos astros, cuja notícia, quem não conhecer, não pode compreender as regras dos relógios (as leis da gnómica).

---

[64] Implicam e abrangem os contratos, leis comuns, leis sobre a altura dos edifícios, direitos sobre a luz natural, leis de parcelamento, esgotos comuns, escoamento das águas da chuva, etc. As anotações das juras são aquilo que hoje, em moldes diferentes, designamos por condições contratuais.

[65] Vitruvio refere-se aqui aos problemas gerados pelos edifícios comuns, as insulae, e pelos edifícios "geminados", que geram problemas relativos aos direitos e deveres das suas partes comuns, nomeadamente as goteiras e recolha das águas da chuva, os esgotos e a abertura de vãos de janela para iluminação.

Praefacio Primus Volumen (Prefácio Livro 1, ex. Cap.1)

1(1). *Cum ergo tanta haec disciplina sit condecorata et abundans eruditionibus uariis ac pluribus, non puto posse [se] iuste repente [se] profiteri architectos [quia] nisi qui ab aetate puerili bis gradibus disciplinaram {scandendo} scientia {plerumque} litterarum et artium nutriti peruenerint ad summum templum architecturae.*

1(1). Sendo esta disciplina (arquitectura) ornada (agraciada ou decorada) com esta abundância de erudições variadas e plurais (múltiplos conhecimentos), não acredito ser razoável declararem-se prontamente arquitectos, atingindo assim o sublime templo da arquitectura, senão aqueles que desde a sua infância (idade pueril) sobem os degraus das disciplinas e crescem alimentados pelo conhecimento de grande parte das letras e artes.[66]

1(2). *{Ac} fortasse mirum uidebitur inperitis hominibus posse naturam tantum numerum doctrinarum perdiscere et memoria continere. Cum [autem] animaduerterint omnes disciplinas inter se coniunctionem rerum et communicationem {habere}, fieri posse faciliter {credent}; {encyclios} enim {disciplina} uti corpus unum ex his membris est composita. Itaque {quia} teneris aetatibus eruditionibus uariis instruuntur omnibus litteris agnoscunt easdem notas communicationemque {omnium} disciplinarum et ea re {facilius omnia} cognoscunt. Ideoque de ueteribus architectis {Pythios}, qui {Prieni} aedem Mineruae nobiliter est architectatus {architectus}, ait in suis commentariis architectum omnibus artibus et doctrinis plus oportere posse facere quam qui singulas res suis industriis et exercitationibus ad sumrnam claritatem perduxerunt. Id autem re non expeditur.*

1(2). E talvez pareça admirável aos não peritos que a natureza humana possa saber um tão grande número de doctrinas (conhecimentos) e a memória contê-las. Todavia, quando derem fé que, nas suas matérias, todas as disciplinas se interligam e comunicam, podem então fácilmente acreditar (naquela

---

[66] A preposição, "atingindo assim o sublime templo da arquitectura", está originalmente no fim do parágrafo, considerámos que a tradução de Fleury parece a mais correcta, pois determina uma melhor compreensão e construção gramatical. Literalmente a tradução seria: Sendo esta disciplina (arquitectura) ornada (agraciada ou decorada) com esta abundância de erudições variadas e plurais, não acredito ser razoável, declararem-se prontamente arquitectos, senão aqueles que, desde a sua idade pueril sobem os degraus das disciplinas e crescem alimentados pelo conhecimento de grande parte das letras e artes, atingindo assim o sublime templo da arquitectura".

possibilidade); pois uma disciplina enciclia[67] (transdisciplinar) é tal como um único corpo, composto pelos seus (diferentes) membros[68]. É por isso que quem, de tenra idade, é instruído em conhecimentos variados (várias erudições), reconhece as invariâncias de todos os tipos de escrita e a relação de todos os ramos do conhecimento, e desse modo conhece facilmente todos os assuntos. Por essa razão o velho arquitecto Pythius, que deu o nobre templo de Minerva a Priene, considera nos seus comentários (tratados) que o arquitecto deve saber mais (dar maior claridade e ter maior industria) de cada disciplina do que os que apenas as estudam singularmente. Coisa essa que não se confirma.

1(3). Non enim debet nec potest esse architectus grammaticus uti fuerit {Aristarchus}, sed {non / ut} agrammatus nec musicus ut Aristoxenus, sed {non / ut} amusos nec pictor[69] ut {Appelles}, sed graphidos[70] non {imperitus} nec plastes[71] quemadmodum {Miron} seu {Polyclitus}, sed rationis plasticae non ignarus nec denuo medicus ut {Hippocrates}, sed {non / ut} {aniatrologetus} nec in ceteris doctrinis singulariter excellens, sed in his non inperitus. Non enim in tantis rerum uarietatibus {eligantias} singulares quisquam consequi potest quod earum ratiocinationes cognoscere et percipere uix {cadit} in potestatem.

1(3). Pois, com efeito um arquitecto não deve nem pode ser um gramático como Aristarco, desde que não seja ignorante da gramática; nem será um músico como Aristoxeno[72], desde que não seja amuso[73]; nem pintor como Apeles, desde que

---

[67] A tradução aqui deve seguir a ideia de que *"encyclios"* será uma derivação de *"encyclîa"* ou *"enciclia"* que significa literalmente "ondulação circular produzida na água pela queda de um corpo". O termo *"enciclios enim discilinae"* nos manuscritos G e W ou *"encyclios enim discilina"* nos manuscritos H e S, parece, como aponta Ingrid D Rowland, derivar do grego "εγκύκλιος παιδεία" que aparece com os sofistas no séc. V a.C e designa um tipo de educação em estudos gerais de modo a proporcionar um juízo alargado antes da especialização numa determinada profissão. Os estudos gerais, já sedimentados no fim do período helenístico, consistiam, nas artes da gramática e da retórica, na lógica dialéctica, na aritmética, geometria, teoria musical (musicologia) e na astronomia. Aceitam essa tradução Joseph Ortiz e a já mencionada Ingrid D Rowland. O uso do termo "enciclopédica" ou "universal" aceite por Blanquez, Maufras, Fleury, Maciel e outros parece-nos um pouco abusiva, sobretudo tem uma conotação demasiado iluminista, à maneira de Perrault.

[68] Considerámos a introdução de "diferentes" pois o sentido é esse, a palavra não está lá, apenas o "ex" separa a ideia de união do corpo à diferença ou separação dos seus membros.

[69] *Pictor* significa aquele que exerce a arte da pintura.

[70] *Graphidos* designa aquele que exerce a arte gráfica ou o desenho.

[71] *Plastes* significa o que pratica as artes plásticas, neste caso o termo ainda está conotado com a escultura e não tanto com a pintura. Á ratio plastica designava-se a escultura (quando o trabalho é em pedra), a modelação (quando o trabalho era em barro ou em metal fundido).

[72] (Aristoxenus) Aristoxeno de Tarento foi o filósofo grego da Escola Peripatética (350 a.C. - ?) que se tornou o primeiro e maior musicólogo da Antiguidade. Chegou-nos apenas e de modo incompleto o seu tratado "Elementos de Harmonia" (III volumes dos quais o último está fragmentado) e um extrato do tratado sobre o Ritmo (II volumes de que apenas restam extratos). O estudo de Sophie Gibson (2005), mostra que Aristoxene rejeita a aproximação matemática dos pitagóricos, como o único meio de definir o som musical, preferindo estudar a relação entre as notas como múltiplos de uma unidade particular de medida, que toma como sendo o tom. Neste sentido um semi-tom é apenas percebido

não seja inábel no desenho; nem escultor como o foram Myron e Polycleto, não sendo ignorante das razões plásticas (da escultura); nem, por fim, um médico como Hipocrátes, embora não deva ser um ignorante de medicina. Nem excelente, em todas as outras doctrinas singulares, desde que em nenhuma seja incompetente. Realmente e de facto, em tanta variedade de coisas, ninguém poderá conseguir elegâncias singulares (ser mestre de cada uma), sendo apenas possivel conhecer e perceber as suas razões.

1(4). Nec tamen non tantum architecti non possunt in omnibus rebus habere summum effectum, sed etiam ipsi qui priuatim proprietates tenent artium non {efficiunt} ut habeant omnes summum {laudis} principatum. Ergo si in singulis doctrinis singuli artifices — neque omnes sed pauci aeuo perpetuo — nobilitatem uix sunt consecuti, quemadmodum potest architectus, qui pluribus artibus debet esse peritus, non id ipsum mirum et magnum facere ne quid ex his indigeat, sed etiam ut omnes artifices superet {qui / et qui} singulis doctrinis adsiduitatem cum industria summa praestiterunt?

1(4). No entanto não são sómente os arquitectos que não podem atingir o máximo efeito (domínio perfeito) de todas as coisas, pois muitos daqueles que possuem a título individual o domínio próprio entre as artes não atingem o principado da glória. Por isso, se nas disciplinas singulares, os artesãos individuais – nem todos, mas somente alguns se perpetuam - nem sempre conseguem atingir notoriedade, o arquitecto, que em muitas artes deve ser perito, de que modo pode não somente atingir essa capacidade admirável de não ser deficiente em nenhuma delas, mas ainda conseguir ultrapassar aqueles que assiduamente prestaram a uma doutrina singular a máxima industria?

1(5). Igitur, in hac re {Pythius} errasse uidetur, quod non {animaduertit}, ex duabus rebus singulas artes esse compositas, ex opere et eius ratiocinatione, ex his autem unum proprium esse eorum qui singulis [rebus] sunt exercitati : id est operis effectus, alterum commune cum omnibus doctis : id est {ratione}; uti {medicus et musicus} {et} de uenarum {rythmo} et {ad pedum} motus; {ut} si uulnus mederi aut aegrum eripere de periculo oportuerit, non accedet musicus, sed id opus proprium erit medici; item in organo non medicus sed musicus modulabitur ut aures {suae} cantionibus recipiant {iocunditatem}.

---

como meio tom, evitando assim as proporções inaudíveis de 9:8, etc. Mas o âmago da teoria de Aristoxene é a ideia de que o valor das notas sustentadas pelos seus intervalos é sobretudo dado pelo seu funcionamento na totalidade da escala.

[73] A tradução aqui é directa já que a palavra *amuso* (aquele que não sabe música) deriva directamente do lat. *amusos*, sem música, sem musa).

1(5). Por isso, nesta questão, parece que Pythius errou, por não ter tido em atenção que cada arte é composta por duas coisas singulares: a fabrica e o seu discurso; destas duas, uma é a propriedade particular e própria daqueles que nela se exercitam, é a realização (execução) da obra; a outra é comum a todos os doutos (instruídos), que é a razão (*ratiocinatione*). Para os médicos e para os músicos é o ritmo, o das pulsações e o do movimento dos pés[74]; mas se quisermos tratar uma ferida ou afastar do perigo um doente, não intervirá (chamamos) o músico, pois, de facto, será obra própria para o médico. Igualmente, de um orgão (instrumento), não é o médico mas o músico que aquele submete a um ritmo a fim de que os ouvidos recebam o prazer das canções.

1(6). Similiter cum astrologis et musicis est disputatio communis de {sympathia} {stellarum} et symphoniarum, in quadratis et {trigonis}, {diatessaron} et diapente; {a} geometris {diuisus}, qui graece { λογοσ οπτικοσ / logos opticos} appellalur; ceterisque omnibus doctrinis multae res uel omnes communes sunt dumtaxat ad disputandum. Operum uero ingressus qui manu aut tractationibus ad elegantiam perducuntur ipsorum sunt qui proprie una arte ad faciendum sunt instituti. Ergo satis abunde uidetur fecisse qui [ex] singulis doctrinis partes et rationes earum mediocriter habet notas eas quae {necessariae} sunt ad architecturam uti, si quid de his rebus et artibus {iudicare} et probare opus fuerit,   ne {deficiatur}.

1(6). De modo similar, os astrólogos e os músicos, disputam em comum a simpatia[75] das estrelas (costelações astrológicas) e das harmonias[76] (acordos musicais), dos quadrados e triângulos[77] e dos intervalos musicais da quarta (3:4) e quinta (2:3)[78]; e entre os primeiros e os geómetras a da visão, que os gregos

---

[74] Existe uma nota curiosa, na versão de Ortiz, a qual se refere a pés musicais ou músicos (dança). A ideia de pulsação refere a ideia de ritmo que imediatamente se associa à música e à dança, dai a aproximação das duas profissões por parte de Vitruvio.

[75] A tradução aqui é confusa em todos os textos que consultei, porque parece faltar a relação de comparação, dada apenas pela palavra "*sympathia*", que assumo com Ortiz e com Blanquez que se trata do estabelecimento de uma aproximação entre a astrologia e a música, através da "proporção harmónica". A edição *princepts*, tal como a de Jucundo (Giocondo) são explícitas na tripla conjunção, astrologia, música e geometria e o sentido do texto é o da existência de comunhão do sentido.

[76] O termo *symphoniarum* pressupõe as relações de frequência de duas notas - harmonia (ascendente e descendente) e melodia (distância entre os sons) - tal é a opinião de todas as interpretações consultadas e a notícia que temos sobre a relação ou intervalos de sons em Pitágoras como proporção entre as partes e entre estas e o todo.

[77] É consensual que os termos latinos *quadratum* e *trigonum* eram usados pelos astrónomos romanos e gregos, significando uma relação ângular (90º e 120º) que diferencia a longitude geocêntrica entre dois ou mais astros.

[78] A frase "*Similiter cum astrologis et musicis est disputatio communis de sympathia stellarum et symphoniarum, in quadratis et trigonis, diatessaron et diapente*", apresenta uma analogia directa, uma simpatia (*sympathia*), entre as duas relações de duas (ou mais) estrelas (*stellarum*) e o todo, e as duas relações (intervalos musicais) fazem com a totalidade da oitava (*symphoniarum*). Por um lado os

chamam *logos opticos*. Em todas as doutrinas, muitos assuntos, senão todos, são comuns através da discussão (discurso). No entanto, a realização de obras que ingressam na perfeição, seja pelas mãos ou pelo (tipo de) tratamento, são daquelas pessoas especialmente instruidas na prática de uma só arte. Parece portanto, ter actuado bastante bem, aquele que em cada uma das singulares doutrinas, possui um conhecimento mediocre das partes e das teorias que são necessárias à arquitectura, a fim de não falhar quando tiver de julgar ou aprovar (nesses domínios) a arte de uma obra.

1(7). Quibus uero natura tantum tribuit sollertiae, acuminis, memoriae ut possint geometriam, astrologiam, {musicen} ceterasque disciplinas {poenitus} habere notas, praetereunt officia architectorum et efficiuntur mathematici. Itaque faciliter contra eas disciplinas disputare possunt quod pluribus telis disciplinarum sunt armati. Hi autem inueniuntur raro : ut aliquando fuerunt {Aristarchus} Samius, {Phylolaus} et {Archytas} {Tarentini}, Apollonius {Pergeus}, {Eratosthenes} {Cyreneus}, Archimedes et Scopinas ab {Syracusis}, qui multas res organicas, {gnomonicas} numero naturalibusque rationibus inuentas atque explicatas posteris {reliquerunt}.

1(7). Mas aqueles a quem a natureza atribuiu muita habilidade, descernimento e memória, de modo que podem tirar retribuição (conhecer a fundo), a geometria, a astrologia, a musica e todas as outras disciplinas, ultrapassam em saber o ofício de arquitecto, e tornam-se matemáticos.
Desse modo poderão fácilmente argumentar sobre aquelas disciplinas, pois eles estão armados com os ponteiros de numerosos saberes. No entanto estes (homens) raramente se encontram: no passado houve Aristarco de Samos, Filolau e Arquitas de Tarento, Apolónio de Perga, Erastóstenes de Cirene, Arquimedes e Escopinas de Siracusa, que deixaram à posteridade um grande número de máquinas (orgãos) e gnomónicas que inventaram e explicaram pelo cálculo e pelo conhecimento das leis da natureza.

---

termos latinos *quadratum* e *trigonum*, usados pelos astrónomos romanos e gregos, por outro, os intervalos musicais de uma quarta (*diatessaron*) e uma quinta (*diapente*).
A analogia proposta por Vitruvio não é nada clara, porém é talvez mais simples do que se julga, pois não se trata de uma relação intrinseca entre astrologia e música como todos os comentários das diversas traduções nos fazem crer, mas de uma simples simpatia entre a relação que dois aspectos astrológicos fazem com o seu todo e a relação de dois intervalos musicais fazem com o seu todo. Essa analogia só pode ser vista como uma relação de denominadores na medida em que dois astros que formam um ângulo de 90º estabelecem com a totalidade uma divisão em 4 partes, sendo 1/4 [*quadratis*] e do mesmo modo dois astros formam um ângulo de 120º quando estabelecem com a totalidade uma divisão em 3 partes, sendo 1/3 [*trigonis*]. Ora as harmonias musicais pitagóricas apresentam valores de divisão em simpatia com estes, na medida em que uma quarta é obtida pela divisão da totalidade da corda em 4 partes, sendo portanto 1/4 da mesma [*diatessaron*] e uma quinta implica a divisão daquela em 3 partes sendo ela 1/3 da mesma [*diapente*].

1(8). Cum ergo talia ingenia {ab naturali} sollertia non passim cunctis gentibus, sed paucis uiris habere concedatur, officium uero architecti omnibus eruditionibus {debeat} esse exercitatum et ratio propter amplitudinem rei permittat non {iuxta necessitatem summas, sed etiam} {mediocres} scientias habere disciplinarum, {peto}, Caesar, [et] a te et ab bis qui ea uolumina sunt lecturi, ut, si quid parum ad regulam artis grammaticae fuerit explicatum, ignoscatur. Namque non uti summus philosophus nec {rhetor} disertus nec grammaticus summis rationibus artis exercitatus, sed ut architectus bis litteris imbutus haec nisus sum scribere. De artis uero potestate quaeque insunt in ea {ratiocinationes}, polliceor, uti spero, his uoluminibus non modo aedificantibus, sed etiam omnibus sapientibus cum maxima auctoritate me sine dubio praestaturum.

1(8). Como, por conseguinte, a natureza não espalhou essas qualidades inatas a todas as pessoas, mas a poucos homens concedeu essa virtude e dado que o verdadeiro oficio do arquitecto deve ser exercido com todos os conhecimentos e a própria amplitude dessas coisas, a razão, não permite que seja em conjunto a mais elevada mas antes ter um mediano conhecimento das disciplinas, peço ó César, a ti e a todos os que lerem estes volumes, que me perdoais se algo do que aqui está explicado não estiver de acordo com alguma regra da arte gramatical. Pois não é como grande filósofo, nem como orador hábil, nem como gramático exercitado nas razões da sua arte, mas como arquitecto, que neste conjunto de letras imbuido, me esforcei por escrever (estas coisas). Mas quanto às potencialidades desta arte e às diferentes razões que a ela se referem, tenho esperança de, com estes volumes, oferecer uso e aplicação não só áqueles que edificam como a todos os eruditos, sem qualquer dúvida e com a máxima autoridade.

Caput Primus (Cap. 1, ex. Cap. 2)

II - Ex quibus rebus architectura constat
II_ Em que consiste a Arquitectura

1. Architectura autem constat ex ordinatione, quae graece {taxis[79]} dicitur, et ex dispositione — hanc autem Graeci {διαθεσισ[80]} uocitant — et {eyrithmia[81]} et symmetria et decore et distributione, quae graece { οεcονομια[82]} dicitur.

1. Quanto à Arquitectura[83], ela consta de ordenação, que os gregos chamam *taxis*, de disposição, que os gregos chamam *diathesis*, de euritmia, de simetria, de decoro e de distribuição que os gregos dizem *oeconomia*.

*2. **Ordinatio** est modica membrorum operis commoditas {separatim / seperatim} {uniuerseque} {proportionis[84]} ad symmetriam comparatio. Haec componitur ex quantitate, quae graece {ποσσοτεσ[85]}dicitur. Quantitas autem est modulorum ex ipsius operis (membris) {sumptio e singulisque} membrorum partibus uniuersi operis conueniens effectus.*

2. A ordenação[86] é a adequada média proporcional das medidas dos membros da obra tomados separadamente e em conjunto (proporcionalmente), com vista á

---

[79] Variante: ταxιs

[80] Variantes: diatesin; dyatesin; διατεσιs (Edit.)

[81] Variantes: eyritimia; eyrithimia; eurythmia (Edit.)

[82] Variantes: economia; οικονομία (Edit.)

[83] O termo *autem*, parece ser aqui um elemento de ligação, por isso traduzimos "architectura autem" por "quanto à arquitectura", poderia ser "no que diz respeito à arquitectura" mas seria demasiado extenso. Justino Maciel, apercebe-se do mesmo sentido de ligação e traduz por "Na realidade, a arquitectura...". Vitruvio usa muito estes elementos de ligação, que muitas vezes anulamos.

[84] Variantes: proportiones; proporticionis.

[85] Variantes: posotis; ποσοτηs (Edit.)

[86] Algumas interpretações [Perrault, Blánquez] que consultei confundem o termo *commoditas* com uso o que me parece inadequado, pois Vitruvio refere explicitamente que este conceito é composto por quantidade, que é o mesmo que comensurabilidade. Blánquez considera que "A ordenação (a ordem) é o que dá a todas as partes de uma construção a sua correcta magnitude em relação ao seu uso, quer se considere separadamente, quer em relação à proporção ou à simetria", tal definição apenas nos diz que se trata de qualquer coisa que dá a dimensão correcta a uma obra e que essa magnitude obedece ao uso, à proporção e à simetria. Perrault traduz "O ordenamento é aquilo que atribui a todas as partes duma construção a sua correcta dimensão, em relação ao seu uso; quer seja considerada separadamente, quer se tenha atenção à proporção ou simetria de toda a obra", esta definição tem o mesmo defeito que a anterior pela assunção de que *comoditas* significa "relação ao seu uso". A interpretação de Ortiz diz que "A ordenação é uma apropriada comodidade dos membros em particular do edifício, e uma relação de todas as suas proporções com a simetria", trata-se de uma interpretação mais literal, na medida em que não assume preconceitos, bem como nota que Vitruvio

obtenção da simetria. Ela é constituida pela quantidade, que os gregos designam *posotês*. A quantidade[87] não é senão a modulação aplicada [aferida] à totalidade da obra e a todas as partes e membros separadamente.[88]

3[89]. ***Dispositio*** *autem est rerum apta {conlocatio} elegansque compositionibus effectus operis cum qualitate. Species dispositionis, quae graece dicuntur ιδεαε* [90]*, sunt hae: {ichnografia}, {ortografia}, {scenografia}. {Ichnografia} est circini regulaeque {modicae} continens usus, {aequa} capiuntur formarum in {solis} arearum descriptiones. {Ortografia} autem est erecta frontis imago modiceque picta rationibus operis futuri figura. Item {scenografia} est frontis et laterum abscedentium adumbratio ad circinique centrum omnium linearum responsus. Hae nascuntur ex cogitatione et inuentione. Cogitatio est cura studii plena et industriae uigilantiaeque effectus propositi cum uoluptate. Inuentio autem est quaestionum obscurarum explicatio ratioque nouae rei uigore mobili reperta. Hae sunt terminationes dispositionum.*

3. Disposição não é outra coisa senão a elegante coordenação da composição que afecta a qualidade do edificio. As espécies (de representação)[91] da disposição que os gregos chamavam *ideae*, são as seguintes: iconografia, ortografia e cenografia. A iconografia é o desenho das fundações numa superfície plana com o uso simultâneo de régua e compasso. A ortografia é a imagem da elevação do edifício que representa numa figura as regras que o edifício terá no futuro. A cenografia é o desenho sombreado da elevação frontal e lateral do edifício, em que as linhas concorrem para um ponto[92]. Todas nascem da reflexão e da invenção (da

---

separa especificamente a proporção da simetria, é no entanto algo confusa. A interpretação de Ingid D Rowland, "Ordenação é a proporção à escala dos components individuais da obra tomados separadamente, bem como da sua correspondência com um esquema proporcional geral de simetria", embora continuemos a assistir à introdução de termos que não estão lá e mesmo que não existem na época (refiro-me ao conceito de escala) tem a vantagem de perceber a relação entre simetria e proporção e na nota (pág. 149), bem como nos desenhos a sua interpretação parece ser a mais correcta.

[87] O termo *quantitate* é associado ao termo grego *posotes* e não tem o significado actual de quantidade, mas deverá ser lido no tratado no sentido de grandeza.

[88] Veja-se em anexo a conclusão e os esquemas interpretativos proporcionados quer, por esta definição, quer, pelo levantamento realizado sobre o uso que Vitruvio faz do operador em toda a obra.

[89] Aqui, tal como Justino Macial, introduzimos um parágrafo específico para a *dispositio*.

[90] Variante: ideai (Edit.)

[91] Note-se que o texto pode induzir na ideia de que a diposição é apenas um operador gráfico, o que não é correcto, mas náo deixa de ser verdade que os sistemas de representação apontados por Virtuvio permitem uma melhor observação da disposição dos elementos arquitectónicos no conjunto, daí ele os usar e definir.

[92] Sabemos hoje que os desenhos a que Vitruvio se refere eram feitos no local com as obras a decorrerem. Tratava-se de desenhos de trabalho, forçosamente esquemáticos e muitas vezes faziam-se perfis, à escala real, para o corte da pedra. Sobre este assunto ver John James Coulton (1977) e também «Le dessin d'architecture dans les sociétés antiques», *Actes du colloque de Strasbourg, 26-28*

destreza). A reflexão é a atenta e industriosa vigilância que aspira a um propósito através da vontade. A invenção é a explicação de questões obscuras por novas regras pelo efeito de um esforço [vigor] criador mental. Estas são as terminologias da disposição.

4. {Eurythmia} est uenusta species commodusque in compositionibus membrorum aspectus. Haec efficitur cum membra operis conuenientia sunt altitudinis ad latitudinem, latitudinis ad longitudinem, et ad {summam} omnia {respondent} suae symmetriae.

4. A euritmia é a aparência graciosa e o aspecto bem proporcionado que reside na composição dos membros. Ela realiza-se pela conveniência entre a altura e a largura, a largura e o comprimento dos seus membros e quando a soma de todos responde à sua simetria.

*5. Item **symmetria** est ex ipsius operis membris conueniens consensus ex {partibusque / partibus quae} separatis ad uniuersae figurae speciem {ratae[93]} partis responsus. Vti in hominis corpore e cubito, pede, palmo, digito ceterisque particulis {symmetros} est {eurythmiae} qualitas, sic est in operum perfectionibus.*
(III - De aedibus sacris)
5. (cont.) Et primum in aedibus sacris aut [e] columnarum crassitudinibus aut {triglypho} aut etiam embatere, {ballistae} foramine, quod Graeci {περιτρετον[94]} uocitant, nauibus {interscalmio}, quae {δυπεcιαcα [95]} dicitur; item ceterorum operum e membris inuenitur {symmetriarum} ratiocinatio.

5. Do mesmo modo a simetria é o conveniente acordo (ou consenso) dos membros da obra em si e a correlação da razão (medida e equilibrio) de uma determinada parte, das partes separadas, com a beleza da configuração geral. No corpo humano encontramos a propriedade simétrica da euritmia a partir do cotovelo, do pé, da palma, do dedo e das outras pequenas partes do corpo, e o mesmo se passa na realização das obras.
E antes demais nos edifícios sagrados a partir da espessura das colunas, do triglifo ou do embater; na balista a partir do orifício que os gregos chamam *peritreton* , nos navios a partir do intervalo entre dois toletes, que se diz *dipechyaia*. Também a partir dos membros de todas as restantes obras encontramos uma racionalidade de simetrias.

---

janvier 1984, Université des sciences humaines de Strasbourg, Travaux du Centre de recherche sur le Proche-Orient et la Grèce antiques, n°8, 1985, 344 p.
[93] Variante: *latae*
[94] Variante: *peritrhton* (Edit.)
[95] Variante: *diphcuaia* (Edit.)

*6. **Decor** autem est emendatus operis aspectus probatis rebus {conpositi} [autem] cum auctoritate. Is perficitur statione, quod graece {thematismo} dicitur, seu consuetudine aut natura.*

Statione cum Ioui Fulguri et Caelo et Soli et Lunae aedificia sub diuo {hypethra} que {constituentur}; horum enim deorum et species et effectus in aperto mundo atque lucenti praesentes {uidimus}. Mineruae et Marti et Herculi {aedes} doricae fient; his enim diis propter uirtutem sine {deliciis} aedificia constitui decet. Veneri, Florae, Proserpinae, {fontycum phys[96]*} corinthio genere constitutae aptas uidebuntur habere proprietates quod his diis propter teneritatem graciliora et florida foliisque et uolutis ornata opera facta augere uidebuntur iustum {decorem}. Iunoni, Dianae, Libero Patri ceterisque diis qui eadem sunt similitudine, si aedes ionicae construentur, habita erit ratio mediocritatis quod et [ab] seuero more doricorum et ab teneritate corinthiorum temperabitur {eorum} institutio proprietatis.*

6. O decoro é o aspecto irrepreensível de uma obra composta com autoridade por meio de coisas aprovadas. Obtemo-lo pelo seguimento de uma regra que se diz em grego (Tematismw) *thematismos*, hábito ou natureza.

Obtemo-lo seguindo uma regra quando construímos os edifícios a céu aberto (sem telhado) e com a forma hipetros ao Júpiter Relâmpago, ao Céu, ao Sol e à Lua; com efeito nós vemos o aspecto e a actividade desses deuses manifestarem-se ao ar livre e à luz. Para Minerva, Marte e Hércules, fazemos os templos dóricos, pois para esses deuses é conveniente, por causa do seu carácter guerreiro, construir edifícios despojados de ornamentos. Para Vénus, Plora e Prosérpina e às Ninfas das Fontes, devemos construir templos segundo o estilo coríntio, porque se pensa que, devido à delicadeza daquelas, aquelas realizações que a elas são dedicadas, se revestem de um justo decoro, sendo mais gráceis e floridas, assim ornados de folhas e de volutas. para Juno, Diana e ao deus Líbero e todos os deuses similares, devemos ter em conta a sua posição intermédia ao construir templos jónicos, pois o principio das suas características os dispõe entre o severo costume dos dóricos e a delicadeza dos coríntios.

7. Ad consuetudinem autem decor sic exprimitur cum aedificiis interioribus magnificis item uestibula conuenientia et elegantia erunt facta. [Si enim] interiora {perfectus} habuerint elegantes, {aditus} autem humiles et {inhonestos}, non erunt cum decore. Item si doricis epistyliis [in coronis denticuli sculpentur aut in puluinatis columnis et ionicis epistyliis] capitulis exprimentur {triglyphis}, translatis ex alia ratione proprietatibus in aliud genus operis offendetur aspectus, aliis ante ordinis consuetudinibus institutis.

---

96 Variantes: *fontycum phis; fontycum iphis;   fontycum iphis nimphis; fontium nimphis; fontium nimphys; ...}*

7. O decoro exprime-se segundo o hábito ou costume, quando, se constroem vestibulos elegantes para edifícios com interiores magnificos. Com efeito se os interiores têm acabamentos elegantes, mas os acessos são humildes e sem nobreza, não terá decoro. Do mesmo modo, se nos epistilos dóricos se esculpirem dentículos sobre as cornijas ou nas colunas pulvinadas (jónicas) ou nos epístilos jónicos se inscreverem triglifos, a aparência será afectada devido à transferência de particularidades de um estilo para um outro tipo de obra, uma vez que outros hábitos de estilo arquitectónico haviam sido instituidos anteriormente.

8. Naturalis autem decor sic erit si primum omnibus templis saluberrimae regiones aquarumque fontes in his locis idonei eligentur in quibus fana constituantur, deinde maxime Aesculapio, Saluti et eorum deorum quorum plurimi medicinis aegri curari uidentur. Cum enim ex pestilenti in salubrem locum corpora aegra translata fuerint et e fontibus salubribus aquarum usus subministrabuntur, celerius conualescent. Ita efficietur uti ex natura loci maiores auctasque cum dignitate diuinitas excipiat opiniones.
[IV - De ostiis operum et balneorum et fenestris]
8. (cont.) Item naturae decor erit si cubiculis et bibliothecis ab oriente lumina capiuntur, balneis et hibernaculis ab occidente hiberno, pinacothecis et quibus certis luminibus opus est partibus, a septentrione quod ea caeli regio neque exclaratur neque obscuratur solis cursu, sed est certa inmutabilis die perpetuo.

8. O decoro será natural se escolhermos exposições mais saudáveis e fontes adequadas nos locais onde são edificados os santuários; isto é verdadeiro para todos os templos e muito particularmente para Escapulário, Salus, bem como os deuses cujas medicinas um grande número de doentes parece curar. Quando, com efeito, os corpos doentes forem levados de uma zona pestilenta para um local sadio e lhes forem administradas águas provenientes de fontes salutares, curar-se-ão mais rapidamente. Resulta assim que, graças à natureza do local, a divindade verá a sua reputação e prestigio aumentarem. Também haverá decoro natural, se os cúbiculos e as bibliotecas forem orientados com as aberturas para o oriente (levante); os banhos e os compartimentos de inverno forem orientados ao poente do Inverno; as pinacotecas e os compartimentos em que é necessária uma certa luz, a norte, pois esse lado do céu não é nem batido nem obscurecido pelo curso do Sol, mas antes assegura uma constante durante o dia.

(V – De qualitatibus locorum et copiis operum [de copiis rerum])

9. Distributio autem est copiarum locique commoda dispensatio parcaque in operibus sumptus ratione temperatio. Haec ita obseruabitur si primum architectus ea non quaeret quae non poterunt inueniri aut parari nisi magno. Namque non omnibus locis harenae fossiciae nec caementorum nec abietis nec sappinorum nec marmoris copia est, sed aliud alio loco nascitur, quorum comportationes difficiles sunt et sumptuosae. Vtendum autem est, ubi non est harena fossicia, fluuiatica aut marina lota; inopiae quoque abietis aut sappinorum uitabuntur utendo cupresso, populo, ulmo, pinu; reliquaque his similiter erunt explicanda.

9. A distribuição é a conveniente repartição dos recursos e do locais, assim como, nas obras, um sábio equilíbrio das despesas graças ao cálculo. Observar-se-á isto se o arquitecto não procurar aquilo que não pode encontrar ou preparar, senão à custa de grandes despesas. Com efeito, não há em todos os lugares abundância de areia fóssil, gravilha, abeto, ou tábuas dessa árvore, nem mármore, pois cada coisa nasce no seu lugar, sendo o seu transporte difícil e dispendioso. Quando não existe areia fóssil, deverá ser usada areia fluvial ou areia marinha lavada. A ausência de abeto ou de tábuas dessa árvore será colmatada pela utilização do cipreste, o choupo, o olmo ou o pinheiro, sendo as restantes carências solucionadas do mesmo modo.

10. *Alter gradus erit distributionis cum ad usum patrum familiarum et ad pecuniae copiam aut ad eloquentiae dignitatem aedificia aliter disponentur. Namque aliter urbanas domos oportere constitui uidetur, aliter quibus ex possessionibus rusticis influunt fructus; non item feneratoribus, aliter beatis et delicatis; potentibus uero quorum cogitationibus res publica gubernatur, ad usum conlocabuntur; et omnino faciendae sunt aptae omnibus personis aedificiorum distributiones.*

10. Um outro grau da distribuição aparece quando se dispõem os edifícios segundo as necessidades, a capacidade financeira ou o prestígio e eloquência dos proprietários. Pois parece evidente que as residências urbanas deverão ser dispostas de uma maneira e que aquelas onde afluem os produtos das propriedades rurais de uma outra. Do mesmo modo deverá existir uma diferença entre as casas dos usuários e as dos opulentos e delicados; quanto aos grandes personagens cujos pensamentos governam o Estado, a disposição deve estar em conformidade com aquela finalidade. E em geral a distribuição dos edifícios deverá ser adaptada a cada personalidade.

Caput Secundus (Cap. 2, ex. Cap.3)

VI – De partibus architecturae

1. Partes ipsius architecturae sunt tres : aedificatio, gnomonice, machinatio. Aedificatio autem diuisa est bipertito, e quibus una est moenium et communium operum in publicis locis conlocatio, altera est priuatorum aedificiorum explicatio. Publicorum autem distributiones sunt três, e quibus est una defensionis, altera religionis, tertia opportunitatis. Defensionis est murorum turriumque et portarum ratio ad hostium impetus perpetuo repellendos excogitata, religionis deorum inmortalium fanorum aediumque sacrarum conlocatio, opportunitatis communium locorum ad usum publicum dispositio uti portus, fora, porticus, balnea, theatra, inambulationes ceteraque quae isdem rationibus in publicis locis designantur.

1. A arquitectura em si compreende três partes: a construção de edifícios, a gnómica e a mecânica. A construção, quanto a si, é dividida em duas partes das quais uma é a colocação (implantação) dos recintos fortificados e das obras comuns nos lugares públicos, a outra é a explicação (projecto) dos edifícios privados. As obras públicas distribuem-se em três, sendo uma a defesa, outra a religião, a terceira a utilidade pública. A defesa é a concepção de muros, torres e portas para a rejeição perpétua dos ataques inimigos, a religião é a construção e implantação de santuários e edifícios sagrados para os deuses imortais, a utilidade pública é o arranjo de lugares comuns de interesse geral como os portos, os foruns, os pórticos, os banhos. os teatros, os passeios cobertos e tudo o que se encontra nos locais públicos segundo este raciocínio.

2. Haec autem ita fieri debent ut habeatur ratio firmitatis, utilitatis, uenustatis. Firmitatis erit habita ratio cum fuerit fundamentorum ad solidum depressio, quaque e materia, copiarum sine auaritia diligens electio; utilitatis autem <cum fuerit > emendata et sine inpeditione usus locorum dispositio et ad regiones sui cuiusque generis apta et commoda distributio ; uenustatis uero cum fuerit operis species grata et elegans membrorumque commensus iustas habeat symmetriarum ratiocinationes.

2. Por outro lado estas coisas devem ser realizadas tendo em conta a solidez, a utilidade e a beleza. Temos em conta a solidez quando escavamos as fundações até terreno sólido e quando, para cada um dos materiais, se escolhem as quantidades diligentemente e sem avareza; a utilidade, pelo seu lado, quando se organizam correctamente e sem impedimentos o uso dos locais, distribuindo-os

de modo práctico e adaptado à disposição (dispositio) de cada um; finalmente, a beleza, quando o aspecto da obra for agradável e elegante, calculando as relações de simetria de modo a obter as correctas medidas dos membros.

- 52 -

Caput Tertius (Cap. 3, ex. Cap.2)

VII – De corporatura animalium et locorum salubritate
III_Os métodos para escolher um lugar saudável na implantação de uma cidade

1. In ipsis uero moenibus ea erunt principia. Primum electio loci saluberrimi. Is autem erit excelsus et non nebulosus, non pruinosus regionesque caeli spectans neque aestuosas neque frigidas sed tempera tas; deinde si uitabitur palustris uicinitas. Cum enim aurae matutinae cum sole oriente ad oppidum peruenient et his ortae nebulae adiungentur spiritusque bestiarum palustrium uenenatos cum nebula mixtos in habitatorum corpora flatu spargent, efficient locum pestilentem. Item si secundum mare erunt moenia spectabuntque ad meridiem aut occidentem, non erunt salubria quod per aestatem caelum meridianum sole exoriente calescit, meridie ardet; item quod spectat ad occidentem sole exorto tepescit, meridie calet, uespere feruet.

1. No que respeita às cidades, serão estes os princípios. Em primeiro a escolha de um local saudável. Este será alto e não nebuloso, sem geadas e exposto a uma orientação, nem quente nem fria, mas temperada; depois evitar-se-á a vizinhança de pantanos. Com efeito quando as brisas matinais, ao nascer do sol, chegarem à cidade e as neblinas nascidas se juntarem a elas, tornarão o lugar pestilento expargindo os corpos dos habitantes com as exalações envenenadas das bestas dos pantanos. Do mesmo modo, se as cidades estiverem situadas junto ao mar orientadas para Sul ou para Ocidente não serão saudáveis, porque ao longo do Verão o céu meridiano queima desde o nascer do sol e arde ao meio-dia; também o que está exposto a ocidente torna-se tépido ao nascer do Sol, aquece ao meio dia, ferve à tarde.

2. Igitur mutationibus caloris et refrigerationis corpora quae in his locis sunt uitiantur. Hoc autem licet animaduertere etiam ex his quae non sunt animalia. In cellis enim uinariis tectis lumina nemo capit a meridie nec ab occidente, sed a septentrione quod ea regio nullo tempore mutationes recipit, sed est firma perpetuo et inmutabilis. Ideo etiam ea granaria quae ad solis cursum spectant bonitatem cito mutant obsoniaque et poma quae non in ea parte caeli ponuntur quae est auersa a solis cursu non diu seruantur.

2. Assim, os corpos que estão nesses lugares, sujeitos a essas mudanças de cor e frio, são viciosos. Podemos também constatar isto, mesmo naqueles que não são animais. Com efeito nas adegas cobertas, ninguém coloca as aberturas de luz do

lado do meio-dia (sul), ou do ocidente (poente), mas do Setentrião (norte), pois essa orientação não sofre em nenhum tempo mutações de temperatura, sendo perpetuamente estável e imutável. É por isso que os celeiros orientados para o curso do sol modificam-se rapidamente e as provisões e os frutos que não se guardam em locais que viram as costas ao curso do sol, não se salvam.

3. Nam semper calor cum excoquit e rebus firmitatem et uaporibus feruidis eripit exsugendo naturales uirtutes, dissoluit eas et feruore mollescentes efficit inbecillas, ut etiam in ferro animaduertimus quod, quamuis natura sit durum, in fornacibus ab ignis uapore percalefactum ita mollescit uti in omne genus formae faciliter fabricetur; et idem, cum molle et candens refrigeretur tinctum frigida, redurescat et restituatur in antiquam proprietatem.

3. Porque, o calor vai continuamente cozendo e retirando a consistência das coisas sugando com os seus vapores ardentes as virtudes naturais, tornando-as brandas e débeis. O mesmo se nota com o ferro, que sendo naturalmente duro, amolece de tal modo depois de ser aquecido nos fornos sob a acção das ondas do fogo, que facilmente se molda em todo o género de forma; e o mesmo ferro, quando mole e incandescente, é arrefecido imerso em água fria, endurece e restaura as suas antigas propriedades.

4. Licet etiam considerare haec ita esse ex eo quod aestate, non solum in pestilentibus locis, sed etiam in salubribus, omnia corpora calore fiant inbecilla et per hiemem etiam quae pestilentissimae sint regiones efficiantur salubres, ideo quod a refrigerationibus solidantur. Non minus etiam quae ab frigidis regionibus corpora traducuntur in cálidas, non possunt durare sed dissoluuntur; quae autem ex calidis locis sub septentrionum regiones frigidas, non modo non laborant inmutatione loci ualetudinibus, sed etiam confirmantur.

4. Podemos verificar que assim é, quando observamos que durante o Verão, não apenas nos locais pestilentos, mas também nos saudaveis, todos os organismos enfraquecem sob o efeito do calor e que durante o Inverno, mesmo nas regiões mais pestilentas se tornam sadias, pois o frio consolida. Não é menos verdade que os organismos que são transferidos das orientações frias para orientações quentes não duram e disolvem-se; mas se os transferirmos de locais quentes para orientações frias do Septentrião, não só não sofrem na saúde com a mudança de lugar, mas ainda se fortalecem.

5. Quare cauendum esse uidetur in moenibus conlocandis ab his regionibus quae <cum> caloribus flatus ad copora hominum possunt spargere. Namque e principus, quae Graeci στοιχεῖα appellant, ut ornnia corpora sunt composita, id est e calore et umore, terreno et *aere, et ita mixtionibus naturali temperatura figurantur omnium animalium in mundo generatim qualitates.*

5. É por que se deve evitar, na colocação das cidades, aquelas regiões que possam expargir sobre os corpos humanos exalações de calor. Pois como todos os corpos são compostos por principios, que os gregos chamam *stoicheia*, o calor, a humidade, a terra e o ar, também as qualidades geradoras de todos os seres vivos no mundo, são configuradas de modo natural por aquelas misturas, segundo o seu género.

6. *Ergo in quibus corporibus cum exsuperat e principiis calor, tunc interficit dissoluitque cetera feruore. Haec autem uitia efficit feruidum ab certis partibus caelum, cum insidit in apertas uenas plus quam patitur e mixtionibus naturali temperatura corpus. Item si umor occupauit corporum uenas inparesque eas fecit, cetera principia, ut a liquido corrupta, diluuntur et dissoluuntur compositionibus uirtutes. Item haec e refrigerationibus umoris uentorum et aurarum infunduntur uitia corporibus. Non minus aeris etiamque terreni in corpore naturalis compositio augendo aut minuendo infirmat cetera principia : terrenum cibi plenitate, aer grauitate caeli.*

6. Assim, naqueles corpos onde o principio do calor excede, este queima e dissolve todas os outros principios. Quanto a este maleficio é realizado por um céu ardente, quando inside nas veias a descoberto, mais do que suportam as habituais mixturas naturais do corpo. O mesmo acontece se a humidade ocupou as veias do organismo tornando-as desiguais, os restantes princípios, corrompidos pelo líquido, serão diluídos e dissolvidas as virtudes das suas composições. Também a refrigeração dos humores dos ventos e aragens retira vitalidade aos corpos. Não menos, o aumento ou a diminuição das composições naturais do ar e da terra nos corpos, enfraquece os restantes princípios: a terra com a alimentação em abundância, o ar com a gravidade do céu.

7. *Sed si qui uoluerit diligentius haec sensu percipere, animaduertat attendatque naturas auium et piscium et terrestrium animalium et ita considerabit discrimina temperaturae. Aliam enim mixtionem habet genus auium, aliam piscium, longe aliter terrestrium natura. Volucres minus habent terreni, minus umoris, caloris temperate, aeris multum; igitur leuioribus principiis compositae facilius in aeris impetum nituntur. Aquatiles autem piscium naturae, quod temperatae sunt a calido plurimumque ex aeris et terreni sunt compositae, sed umoris habent oppido quam paulum, quo minus habent e principiis umoris in corpore, facilius in umore perdurant; itaque cum ad terram perducuntur, animam cum aqua relinquunt. Item terrestria, quod e principiis ab aere caloreque sunt temperata minusque* *habent terreni plurimumque umoris, quod abundant umidae partes, non diu possunt in aqua uitam tueri.*

7. Aquele que quiser mais diligentemente entender estas coisa, deve observar e atender a natureza das aves, dos peixes e dos animais terrestres, pois aperceber-se-á das diferenças de composição (temperaturae). Com efeito, o género das aves tem uma outra mistura, o dos peixes outra, os terrestres uma muito diferente natureza. As aves têm menos de terra, menos de humidade, moderadamente de calor, de ar muito; compostos de principios mais leves, mais facilmente se apoiam no ar. Por outro lado, a natureza aquática dos peixes, porque moderada de calor e acima de tudo composta de ar e de terra, contem muito pouca humidade e subsiste tanto mais facilmente na humidade quanto menos princípios líquidos tem o corpo; e por isso quando levamos esses animais para terra, eles perdem a vida com a água. Igualmente porque os animais terrestres são moderadamente providos com os princípios do ar e do calor, menos de terra e muita água, abondando neles a parte humida, não podem proteger a vida na água muito tempo.

8. Ergo si haec ita uidentur quemadmodum proposuimus et e principiis animalium corpora composita sensu percipimus et e superationibus aut defectionibus ea laborare dissoluique iudicamus, non dubitamus quin diligentius quaeri oporteat uti temperatissimas caeli regiones eligamus cum quaerenda fuerit in moenium conlocationibus salubritas.

8. Portanto se estas coisas aparecem tal e qual as expusemos, se percebemos que os corpos dos animais são compostos de princípios e se estamos avisados que eles sofrem e se dissolvem por excesso ou por defeito, não duvidamos que é necessário procurar muito diligentemente como escolher as regiões do céu (orientações) mais temperadas quando se trata a salubridade da implantação das cidades.

VIII – *De iocineribus animalium inspiciendis ad explorandam aeris qualitatem [De eo quod iecor cineribus ; animalium et aliis, explorandum]*

9. Itaque etiam atque etiam ueterem reuocandam censeo rationem. Maiores enim pecoribus immolatis quae pascebantur in his locis quibus aut oppida aut castra statiua constituebantur inspiciebant iocinera et, si erant liuida et uitiosa primo, alia immolabant dubitantes utrum morbo an pabuli uitio laesa essent. Cum pluribus experti erant et probauerant integram et solidam naturam iocinerum ex aqua et pabulo, ibi constituebant munitiones; si autem uitiosa inueniebant, iudicio transferebant idem in humanis corporibus pestilentem futuram nascentem in his locis aquae cibique copiam et ita transmigrabant et mutabant regiones quaerentes omnibus rebus salubritatem.

9. Eis porque penso que é duplamente necessário recordar os métodos antigos. Com efeito os maiores (antepassados) sacrificavam primeiro os animais que pastavam naqueles lugares onde se havia decidido estabelecer os opidos ou as fortificações e observavam as suas visceras: se à primeira vista eram lívidos e viciosos, imolavam outros por causa das dúvidas sobre se era por doença ou pela pastagem. Tendo experimentado várias vezes e demonstrada a solidez e integridade natural dos figados derivada da água e das forragens, aí estabeleciam as fortificações; se, por outro lado, as descobrissem viciosas, pensavam que as águas e os alimentos aí nascidos seriam também prejudiciais para os corpos humanos, e por isso transmigravam e mudavam de região, procurando em todas as coisas a salubridade.

10. *Hoc autem fieri uti pabulo ciboque salubres proprietates terrae uideantur, licet animaduertere et cognoscere ex agris Cretensium qui sunt circa Pothereum flumen, quod est Cretae inter duas ciuitates Gnoson et Gortynam. Dextra enim et sinistra eius fluminis pascuntur pecora; sed ex his quae pascuntur proxime Gnoson <splenem habent >, si quae autem ex altera parte proxime Gortynam non habent apparentem splenem. Vnde etiam mediei quaerentes de ea ré inuenerunt in his locis herbam quam pecora rodendo inminuerunt lienes. Ita eam herbam colligendo curant lienosos hoc medicamento, quod etiam Cretenses ασπληνον uocitant. Ex eo licet scire cibo atque aqua proprietates locorum naturaliter pestilentes aut salubres esse.*

10. A possibilidade de que as propriedades de uma terra salubre seja revelada pelas pastagens e alimento, pode ser verificada e reconhecida nas terras Cretenses, junto ao rio Potereu em Creta, entre Cnossos e Gortina. Com efeito à direita e à esquerda deste rio pastam rebanhos, os que pastam do lado de Cnossos têm baço aparente < *splenem habent* [97]>, enquanto os que pastam do outro lado perto de Gortina, não têm o baço aparente. Donde também os médicos, inquirindo sobre isto, descobrissem nestes lugares uma erva que ao ser mastigada pelo gado, lhes reduz o baço. Assim colheram aquela erva curando os que sofrem de esplenite com este medicamento, que os Cretenses chamam *asplenom*. Por isso é possivel saber graças à alimentação e à água se as propriedades naturais de um local são pestilenciais ou salubres.

---

[97] Rose e Fensterbush corrigem para <*lienosa sunt*> que significa estar afectado por uma doença do baço. A correcção que segundo Fleury foi feita por um corrector de S, para <*splenem habent*> significaria que Vitruvio não opõe, animais que sofrem do baço e aqueles que não sofrem mas os que têm um baço aparente e os que não têm. Não é completamente despropositada a ideia de "ter um baço aparente" que significaria ter um baço mais desenvolvido, conhecido por megalosplenia ou esplenomegalia (aumento do volume do baço) por estímulo a resposta imune, reacção que pode levar à anemia entre outras doenças.

***11.** Item si in paludibus moenia constituía erunt, quae paludes secundum maré fuerint, spectabuntque ad septentrionem (aut inter septentrionem)[98] et orientem eaeque paludes excelsiores fuerint quam litus marinum, ratione uidebuntur esse constituta. Fossis enim ductis fit aquae exitus ad litus et, maré tempestatibus aucto, in paludes redundantia motionibus concitata marisque mixtionibus non patitur bestiarum palustrium genera ibi nasci quaeque de superioribus locis natando proxime litus perueniunt inconsueta salsitudine necantur. Exemplar autem huius rei gallicae paludes possunt esse quae circum Altinum, Rauennam, Aquileiam, aliaque quae in eiusmodi locis municipia sunt próxima paludibus quod his rationibus habent incredibilem salubritatem.*

11. Do mesmo modo, se as muralhas dos aglomerados estiverem implantadas em sapais, e os sapais estiverem perto das marés, se aquelas estiverem a olhar para Setentrião ou entre Setentrião e o Oriente (Nordeste), e aqueles sapais estiverem mais elevados que o litoral maritimo, parecerá estarem implantadas racionalmente. De facto, a abertura de valas permite uma evacuação da água no sentido do litoral e quando o mar está engrossado pelas tempestades, a água transborda nos sapais que passa a estar agitado de ondas e misturado com água do mar tornando impossível a vida a todos os animais palustres e aqueles que chegam a nadar de lugares superiores até junto do litoral são destruidos por uma salinidade a que não estão habituados. Um exemplo disto podem ser os sapais gauleses que rodeiam Altino, Ravena, Aquileia e outros municípios situados em locais do mesmo género, próximos de sapais, que por esta razão, têm uma inacreditavel salubridade.

IX — De municipio de loco in locum translato [munipio ; munitio ; municio; minucio ; munitionibus]

***12.** Quibus autem insidentes sunt paludes et non habent exitus profluentes neque per flumina neque per fossas, uti Pomptinae, stando putescunt et umores graues et pestilentas in his locis emittunt. Item in Apulia oppidum Salpia uetus, quod Diomedes ab Tróia rediens constituit siue, quemadmodum nonnulli scripserunt, Elpias rhodius, in eiusmodi locis fuerat conlocatum; ex quo incolae quotannis aegrotando laborantes aliquando peruenerunt ad M. Hostilium ab eoque publice petentes impetrauerunt ut his idoneum locum ad moenia transferenda conquireret eligeretque. Tunc is moratus non est, sed, statim rationibus doctissime quaesitis, secundum mare mercatus est possessionem loco salubri ab senatuque populoque romano petiit ut liceret transferre oppidum constituitque moenia et areas diuisit nummoque sestertio singulis municipibus mancipio dedit. His confectis, lacum aperuit in*

---

98 Omissão característica da família dos Harleianus.

maré et portum e lacu município perfecit. Itaque nunc Salpini quattuor milia passus progressi ab oppido ueteri habitant in salubri loco.

12. Mas, naqueles lugares onde os pantanos estão estagnados e não têm saídas para os fluxos tanto de rios como de canais, como os pantanos de Pontino, as suas águas putrefazem-se e emitem vapores fétidos e pestilentos. Também em Apúlia, o antigo opido de Salápia, fundada por Diómedes, quando regressou deTróia, ou como alguns escreveram, fundado por Epias de Rodes, havia sido colocado em locais do mesmo tipo; os seus habitantes, que todos os anos adoecem, foram, um dia, ter com Hostílio e depois de um pedido oficial, dele conseguiram que indagasse e lhes indicasse um local idóneo para transferir o recinto fortificado. Pois ele não demorou, mandou fazer um sábio inquérito e adquirindo perto do mar um dominio num local salubre, pediu ao senado e ao povo romano a licença para transferir o opido; levantou as muralhas, dividiu as áreas e deu-as em plena propriedade por um sestércio a cada um dos múnicipes. Depois de o fazer, ligou um lago ao mar, fazendo desse lago um porto para o municipio. Assim os Salapinos habitam a quatro mil passos do opido antigo, num local salubre.

Caput Quartus (Cap. 4 ex. cap. 5)

X – De fundamentis murorum et turrium constitutionibus

1. Cum ergo his rationibus erit salubritatis [in] moenium conlocandorum explicatio regionesque electae fuerint fructibus ad alendam ciuitatem copiosae et uiarum munitiones aut opportunitates fluminum seu per portus marinae subuectiones habuerint ad moenia comportationes expeditas, tunc turrium murorumque fundamenta sic sunt facienda uti fodiantur, si queat inueniri, ad solidum et in solido quantum ex amplitudine operis pro ratione uideatur, crassitudine ampliore quam parietum qui supra terram sunt futuri et ea impleantur quam solidissima structura.

1. Quando com estes cálculos, tivermos regrado a salubridade na implantação dos recintos urbanos, quando tivermos elegido uma região abondante em frutos que alimentem os cidadãos, quando a construção de vias ou a oportuna presença de cursos de água e acesso ao trafego maritimo a um porto, proporcionarem facilidade de transportes para aquele recinto, então deverão ser construidas as fundações das muralhas e das torres, do seguinte modo: escavar-se-ão até uma profundidade calculada em função da amplitude da obra, até solo firme, se for possível encontrá-lo, e com uma largura superior à expessura dos muros previstos acima do solo, enchendo-se depois (aquele caboco) com alvenaria de estrutura muito sólida.

2. Item turres sunt proiciendae in exteriorem partem uti, cum ad murum hostis impetu uelit adpropinquare, a turribus dextra ac sinistra lateribus apertis telis uulnerentur. Curandumque maxime uidetur ut non facilis aditus sit ad oppugnandum murum, sed ita circumdandum ad loca praecipitia et excogitandum uti portarum itinera non sint directa sed scaeua. Namque cum ita factum fuerit, tum dextrum latus accedentibus, quod scuto non erit tectum, proximum erit muro. Conlocanda autem oppida sunt non quadrata nec procurrentibus angulis, sed circuitionibus uti hostis ex pluribus locis conspiciatur. In quibus enim anguli procurrunt, difficiliter defenditur quod angulus magis hostem tuetur quam ciuem.

2. Por seu lado, as torres (devem estar) proeminentes no exterior da muralha, de modo que num ataque inimigo de proximidade aos muros, as torres à esquerda e à direita, os tornem vulneráveis nos flancos. Deverá haver o maior cuidado em não facilitar os acessos de ataque à muralha, que deverá ser cincundada por precipicios (por locais escarpados) escolhendo com critério os acessos às portas de tal modo que não sejam directos, mas pela esquerda. Pois fazendo assim, o lado

direito dos assaltantes, o que não está protegido pelo escudo, esteja mais próximo do muro. É necessário não estabelecer os opidos em quadrado, nem com ângulos avançados, mas de forma curvilinea, para que os inimigos possam ser observados de muitos lugares. Naqueles onde existem angulos avançados a defesa é dificil, pois os ângulos protegem mais o inimigo que o cidadão.

3. Crassitudinem autem muri ita faciendam censeo uti armati homines supra obuiam uenientes alius alium sine inpeditione praeterire possint, dum in crassitudine perpetuae taleae oleagineae ustilatae quam creberrime instruantur uti utraeque muri frontes inter se, quemadmodum fibulis, his taleis conligatae aeternam habeant firmitatem; namque ei materiae nec caries nec tempestates nec uetustas potest nocere, sed ea et in terra obruta et in aqua conlocata permanet sine uitiis utilis sempiterno. Itaque non solum in muro sed etiam in substructionibus quique parietes murali crassitudine erunt faciundi hac ratione religati non cito uitiabuntur.

3. Por outro lado, penso que a espessura das muralhas deve ser feita de tal modo que dois homens armados, vindos em direcções opostas possam passar um pelo outro sem impedimento, nessa espessura serão colocados lado a lado, o mais próximo possível uns dos outros, troncos de oliveira passados ao fogo, de modo que uma e outra face da muralha, ligadas entre si por estas traves, fiquem gateadas e tenham uma solidez eterna; pois nem a corrupção da matéria, nem as tempestades, nem a vetustez, a podem prejudicar, seja coberta por terra, seja colocada na água, permanece sem vicios e perpétuamente útil. Assim, não apenas as muralhas, mas também as substrutruras e paredes que devem ter a espessura de um muro de defesa, não se deterioram rápidamente quando são travadas desta maneira.

4. Interualla autem turrium ita sunt facienda ut ne longius sit alia ab alia sagittae missionis, uti, si qua oppugnetur, tum a turribus quae erunt dextra sinistra scorpionibus reliquisque telorum missionibus hostes reiciantur. Etiamque contra inferiores < partes > turrium diuidendus est murus interuallis tam magnis quam erunt turres ut itinera sint interioribus partibus turrium contignata neque ea ferro fixa; hostis enim si quam partem muri occupauerit, qui repugnabunt rescindent et, si celeriter administrauerint, non patientur reliquas partes turrium murique hostem penetrare nisi se uoluerit praecipitare.

4. Os intervalos entre as torres devem ser realizados de tal maneira que a distância de uma a outra seja inferior ao percurso de uma flecha, de modo que se uma delas for atacada, as torres à direita e à esquerda com escorpiões e outras armas de arremesso de dardos, possam repelir os inimigos. Ao nível da parte inferior das torres o muro será dividido em intervalos tão grandes quanto a largura das torres

e o caminho que passa pela parte interior das torres seja feito sem partes fixas de ferro; assim, quando as hostes inimigas ocuparem uma das partes da muralha, os que a defendem podem, se prontamente agirem, (demolindo aquela parte) impedir os inimigos de penetrar nas restantes partes da torre, sem se lançarem no precipício.

5. Turres itaque rotundae aut polygoneae sunt faciendae : quadratas enim machinae celerius dissipant quod angulos arietes tundendo frangunt, in rotundationibus autem uti cuneos ad centrum adigendo laedere non possunt. Item munitiones muri turriumque aggeribus coniunctae maxime sunt tutiores quod neque aríetes neque suffossiones neque machinae ceterae eis ualent nocere.

5. Assim, as torres devem ser construídas redondas ou poligonais; pois as máquinas destroem mais rapidamente as torres quadradas porque os aríetes ao baterem contra os ângulos (cantos) quebram-nos, enquanto nas construções circulares, forçando as pedras contra o centro como se fossem cunhas, não lhes causarão dano.

6. Sed non in omnibus locis est aggeris ratio facienda, nisi quibus extra murum ex alto loco plano pede accessus fuerit ad moenia oppugnanda. Itaque in eiusmodi locis primum fossae sunt faciendae latitudini-bus et altitudinibus quam amplissimis, deinde funda-mentum muri deprimendum est intra alueum fossae et id extruendum est ea crassitudine ut opus terrenum facile sustineatur.

(entre estes dois parágrafos parece haver um hiato, em que Vitruvio falaria do sistema de terraplanagem)
6. Mas, não é em todos os locais que se usa o método de terraplanagem: somente naqueles onde houver, fora da muralha, o acesso a um plano elevado de ataque às muralhas. Por isso, nesses mesmos locais deverão ser feitos, em primeiro lugar, fossos o mais largos e fundos que for possível, depois deve ser escavada a fundação das muralhas naquela depressão, devendo as mesmas ter um largura tal que sustenha facilmente a terraplanagem.

7. Item interiore parte substructionis fundamentum distans ab exteriore introrsus amplo spatio ita uti cohortes possint, quemadmodum in acie instructae, ad defendendum supra latitudinem aggeris consistere. Cum autem fundamenta ita distantia inter se fuerint constituía, tunc inter ea alia transuersa, coniuncta exteriori et interiori fundamento, pectinatim disposita, quemadmodum serrae dentes solent esse, conlocentur; cum enim sic erit factum, tunc ita oneris terreni magnitude distribuía in paruas partes neque uniuersa pondere premens poterit ulla ratione extrudere muri substructiones.

7. Do mesmo modo no intradorso da subestrutura faz-se uma segunda fundação, separada da anterior por um espaço suficientemente amplo para que as coortes[99] dispostas em linha de batalha, as possam defender. Quando as fundações estiverem dispostas segundo este intervalo, uma da outra, colocam-se outras transversais e entre aquelas, ligando as fundações exteriores e interiores, dispostas em pente, como costumam ser os dentes de uma serra; se assim se fizer, a massa do terreno distribuída em pequenas partes não poderá, de modo nenhum, pressionando com todo o seu peso, deslocar as substruções da muralha.

8. De ipso autem muro, e qua materia struatur aut perficiatur, ideo non est praefiniendum quod in omnibus locis, quas optamus copias, eas non possumus habere. Sed ubi sunt saxa quadrata siue silex seu caementum aut coctus later siue crudus, his erit utendum. Non enim uti Babylone abundantes liquido bitumine, pró calce et harena, et cocto latere factum habent murum, sic item possunt omnes regiones seu locorum proprietates habere tantas eiusdem generis utilitates, uti ex his comparationibus ab aeternitatem perfectus habeatur sine uitio murus.

8. Quanto às muralhas em si, não se deve definir de antemão os materiais com os quais aquelas serão construídas ou finalizada porque podemos não ter em todos os lugares os recursos que desejamos. Ali onde houver pedras de cantaria, pedra não trabalhada (sílex), pedra pequena, tijolo cozido ou cru, será isso que se utilizará. De facto, se na Babilónia, dispunham em abundância de betume líquido e construíram as muralhas de tijolo cozido ligados com esse produto, em vez de cal e areia, mas nem sempre as outras regiões possuem tantas propriedades preciosas e em tanta abundância como naquele local, de modo que, com estes aprestos, as muralhas se mantenham perfeitas e sem defeito para a eternidade.

---

[99] *Coortes*, é a décima parte de uma legião, composta por três manípulos e seis centuriões.

Caput Quintus (Cap. 5 ex. Cap. 6)

XI – De diuisione operum quae intra muros sunt et dispositione ut uentorum noxii flatus uitentur [operum qui intra ; quae intra sunt ; muros sit et ; sunt et ut uentorum ; flatus deuintentur]
IV_Os ventos e as suas direcções

1. Moenibus circumdatis, sequuntur intra murum arearum diuisiones platearumque et angiportuum ad caeli regionem directiones. Dirigentur haec autem recte si exclusi erunt ex angiportis uenti prudenter : qui si frigidi sunt, laedunt; si calidi, uitiant; si umidi, nocent. Quare uitandum uidetur hoc uitium et auertendum ne fiat quod in multis ciuitatibus usu solet uenire : quemadmodum in insula Lesbo oppidum Mytilenae magnificenter est aedificatum et eleganter, sed positum non prudenter. In qua ciuitate auster cum flat, homines aegrotant; cum chorus, tussiunt; cum septentrio, restituuntur in salubritatem, sed in angiportis et plateis non possunt consistere propter uehementiam frigoris.

1. Concebidos os limites do recinto, seguir-se-ão as dvisões das áreas dentro da muralha, e as orientações segundo as regiões do céu das praças, das ruas e das passagens[100]. Serão alinhadas correctamente se prudentemente, se afastar das ruas os ventos, que se forem frios, ferem; se forem quentes, corrompem; se forem humidos, são nocivos. É por isso que se devem evitar defeitos semelhantes e precaver para que não suceda o que se verifica em muitas cidades: como, na ilha de Lesbos, Mitilene, foi um opido construído com magnificência e elegância, mas disposto sem providência. Pois quando o austro[101] sopra naquela cidade, os homens adoecem; quando é o coro[102], tossem; quando é o setentrião[103], são restituídos de saúde, mas não podem permanecer nas ruas e nas praças, por causa da veemência do frio.

2. Ventus autem est aeris fluens unda curn incerta motus redundantia. Nascitur cum feruor offendit umorem et impetus inflationis exprimit uim spiritus flatus. Id autem uerum esse ex

---

[100] É difícil perceber a que se refere Vitruvio com o termo *"platea"*, que significa, tanto praça pública como rua larga, alguns tradutores referem praças outros ruas ou avenidas (pese embora esta última tipologia só seja usada bastante mais tarde). Outros, porque o segundo termo *"angiportum"* ou *"angiportum"* significa passagem, viela, beco ou ruela, referem apenas, para os dois termos, as "ruas largas e as ruas pequenas". Optámos aqui por traduzir os seguintes espaços públicos, "praças, ruas e passagens".
[101] *Auster* é o vento sul ou austro.
[102] *Chorus* é o vento de nor-noroeste ou coro.
[103] *Septentrio* ou setentrião é o vento norte.

Aeolis aereis licet aspicere et de latentibus caeli rationibus artificiosis rerum inuentionibus diuinitatis exprimere ueritatem. Fiunt enim Aeoli pilae aereae cauae — hae habent punctum angustissimum — quae aqua infunduntur conlocanturque ad ignem; et antequam calescant, non habent ullum spiritum, simul autem ut feruere coeperint, efficiunt ad ignem uehementem flatum. Ita scire et iudicare licet e paruo breuissimoque spectaculo de magnis et inmanibus caeli uentorumque naturae rationibus.

2. Pois, o vento é um fluxo de ar com uma incerta redundância. Nasce quando o calor se confronta com a humidade e o ímpeto da exalação provocando o sopro de ar. Que isto é verdade, podemos verificá-lo nos *éolos*[104] de bronze e, graças a engenhosas invenções, podemos representar a verdade divina das secretas regras do céu. Constroem-se, efectivamente, figuras ocas de Éolo em bronze – com uma abertura pequeníssima – enchendo-as de água, colocam-se perto do fogo. Antes de aquecerem elas não produzem nenhum sopro, mas quando começam a ferver, produzem sobre o fogo um vento violento. Assim a partir de uma experiência breve e limitada, podemos ter conhecimento e ajuizar sobre as vastas e prodigiosas causalidades naturais que regulam o céu e os ventos.

3. Qui si exclusi fuerint, non solum efficient corporibus ualentibus locum salubrem, sed, etiam si qui morbi ex aliis uitiis forte nascentur qui in ceteris salubribus locis habent curationes medicinae contrariae, in his propter temperaturam [exclusiones] uentorum expeditius curabuntur. Vitia autem sunt quae difficulter curantur, in regionibus quae sunt supra scriptae, haec : grauitudo arteriace, tussis, pleuritis, phthisis, sanguinis eiectio et cetera quae non detractionibus sed adiectionibus curantur. Haec ideo difficulter medicantur, primum quod ex frigoribus concipiuntur, deinde quod, defatigatis morbo uiribus, eorum aer agitatus est; uentorum agitationibus extenuatur unaque a uitiosis corporibus detrahit sucum et efficit ea exiliora. Contra uero lenis et crassus aer, qui perflatus non habet neque crebras redundantias, propter inmotam stabilitatem adiciendo ad membra eorum alit eos et reficit qui in his sunt impliciti morbis.

3. Se nos protegermos daqueles, não somente tornamos o lugar saudável para os organismos saudáveis, mas mesmo que outras condicionantes venham a causar doenças, que noutros lugares salubres são tratadas por uma medicina de oposição, aqui, graças ao bom uso dos ventos, elas serão curadas mais facilmente. Mas existem males difíceis de curar em regiões que acabámos de referir, são as afecções do catarro da traqueia, tosse, pleurisia, tísica, expectoração de sangue e outros,

---

[104] Trata-se de um recipiente esférico de bronze que representa a cabeça do Deus Éolo apresenta um orifício no lugar da boca por onde sai o vapor, gerado por este quando é colocado ao lume. Éolo é filho de Pseidon e supremo deus do vento, senhor dos outros deuses do vento, como Bóreas, Eurus, Zéfiro e Nótus.

que são curados não por eliminações, mas por regimes aditivos. Estes males dificilmente são medicados, primeiro porque são engendrados por resfriamentos, depois porque quando as forças estão debilitadas pela doença, o ar que respiram está agitado, além disso, os corpos são enfraquecidos devido à agitação dos ventos, que elevam a sua substância aos corpos doentes. Pelo contrário um ar suave e denso, que não tem movimento nem excessos frequentes, graças à sua estabilidade imóvel, reforça os seus membros, alimenta-os e restaura aqueles que estão afectados por aqueles males.

4. Nonnullis placuit esse uentos quattuor : ab oriente aequinoctiali solanum, a meridie austrum, ab occidente aequinoctiali fauonium, ab septentrionali septentrionem. Sed qui diligentius perquisierunt tradiderunt eos esse octo; maxime quidem Andronicus Cyrrestes qui etiam exemplum conlocauit Athenis turrem marmoream octagonon et in singulis lateribus octagoni singulorum uentorum imagines excalptas contra suos cuiusque flatus designauit supraque eam turrim metam inarmoream perfecit et insuper Tritonem aereum conlocauit dextra manu uirgam porrigentem et ita est inachinatus uti uento circumageretur et semper contra flatum consisteret supraque imaginem flantis ueni indicem uirgam teneret.

4. Alguns apoiam a ideia dos quatro ventos: o solano[105], que sopra do oriente equinocial; o austro[106], do meio-dia, o favónio[107], do ocidente equinocial, o setentrião do norte. Mas aqueles que diligentemente pesquisaram ensinaram que eram oito; sobretudo o caso de Andrónico de Cirro, que como exemplo erigiu em Atenas, uma torre de mármore octogonal cinzelando sobre cada uma das faces do octógono uma imagem representando o vento, voltada para a direcção dos respectivos sopros; rematou esta torre com um cone de mármore encimada por um tritão de bronze com uma vara na mão direita; engendrada de tal modo que anda à roda com o vento, parando sempre na direcção do vento e apresentado a vara como um índice sobre a figura do vento a soprar.

5. Itaque sunt conlocati inter solanum et austrum, ab oriente hiberno eurus, inter austrum et fauonium, ab occidente hiberno africus, inter fauonium et septentrionem, caurus, quem plures uocant chorum, inter septentrionem et solanum, aquilo. Hoc modo uidetur esse expressum uti capiat numerus <octo> et nomina et partes unde flatus certi uentorum

---

[105] *Solano*, vento quente e seco de este ou sudeste, ou vento de levante.
[106] Diz Pedro Nunes, no Tratado da Sphera, cap.II Dos círculos dos quais a esfera material é composta, "No pólo contrário se chama Antárctico que quer dizer contra o árctico, e chamasse meridional, porque é da parte do meio-dia, também se chama Austral, porque está naquela parte donde vem o vento Austro que é do sul."
[107] Favonius, vento zéfiro ou de oeste. Cujo mito dá sentido à flor Jacinto.

spirent. Quod cum ita exploratum habeatur, ut inueniantur regiones et ortus eorum, sic erit ratiocinandum.

5. É por isso que o euro foi colocado entre o solano e o austro, o africo, do poente do Inverno, entre o austro e o favónio; o cauro que muitos chamam coro, entre o favónio e o setentrião; e o aquilão, entre o setentrião e o solano. Deste modo se pode ver que o número oito, comporta tanto os nomes como as partes de onde sopram, sempre na mesma direcção, as brisas dos ventos. Quando tivermos verificado isto, assim se procederá para encontrar as direcções e os pontos de origem dos ventos.

V_Traçados das ruas e passagens

6. *Conlocetur ad libellam marmoreum amusium mediis moenibus aut locus ita expoliatur ad regulam et libellam ut amusium non desideretur supraque eius loci centrum médium conlocetur aeneus gnomon, indagator umbrae, qui graece σκιοθήρης dicitur. Huius antemeridiana circiter hora quinta sumenda est extrema gnomonis umbra et puncto signanda; deinde circino diducto ad punctum quod est gnomonis umbrae longitudinis signum ex eoque a centro circumagenda linea rotundationis. Itemque obseruanda postmeridiana istius gnomonis crescens umbra et cum tetigerit circinationis lineam et fecerit parem antemeridianae umbrae postmeridianam, signanda puncto.*

6. Coloque-se, nivelada e no centro do recinto fortificado uma placa de mármore ou aplane-se bem essa zona com a régua e com o nível e em cima no centro desse lugar, coloque-se um gnomon de bronze, um indicador de sombra que se chama em grego σκιοθήρης . Por volta da quinta hora antes do meio-dia[108] é necessário assinalar com um ponto o comprimento da sombra do gnómon; depois de aberto um compasso tomando como centro o gnomon, até ao ponto extremo da sua sombra, é necessário traçar um círculo. Do mesmo modo observar-se-á a sombra crescente do gnomon após o meio-dia, quando aquela atingir o círculo com uma sombra igual à da manhã, assinalar-se-á um ponto.

7. *Ex his duobus signis circino decusatim describendum et per decusationem et medium centrum linea perducenda ad extremum ut habeatur meridiana et septentrionalis regio. Tum postea sumenda est sexta decima pars circinationis lineae totius rotundationis centrumque conlocandum in meridiana linea, qua tangit circinationem, et signandum dextra ac sinistra*

---

[108] Os romanos dividiam o dia em 12 horas desde o nascer do dia até ao pôr do sol, independentemente da altura do ano, pois era o Sol que comandava e não o tempo mecânico, assim só nos equinócios é que a hora tem 60 minutos. A quinta hora depois do nascer do dia e antes do meio-dia seria assim as 11h horas romanas.

in circinatione et meridiana et septentrionali parte. Tunc ex signis his quattuor per centrum medium decusatim lineae ab extremis ad extremas circinationes perducendae. Ita austri et septentrionis habebitur octauae partis designatio. Reliquae partes dextra <tres> ac sinistra tres aequales [et tres] his distribuendae sunt in tota rotundatione ut aequales diuisiones octo uentorum designatae sint in descriptione. Tum per angulos inter duas uentorum regiones et platearum et angiportorum uidentur deberi dirigi descriptiones.

7. Com base nestas duas marcas do círculo descrever-se-ão dois arcos que se cruzam (secantes) levando uma linha que passa por esse cruzamento e pelo centro até à outra extremidade, de modo a obter-se a orientação meridional e setentrional (sul-norte). Depois tomar-se-á a décima sexta parte da totalidade da linha do circulo colocar a ponta do compasso sobre a linha meridiana, ali onde toca a circunferência, fazer marcas à direita e à esquerda sobre a circunferência, tanto do lado meridional como setentrional. Então a partir destes quatro pontos e de uma extremidade à outra da circunferência, traçar-se-ão linhas que se intersectam no centro. Teremos assim a oitava parte, do lado do auster e do lado do setentrião. As restantes partes deverão ser distribuídas três à direita e três á esquerda, de modo a definir sobre o traçado os sectores iguais dos oito ventos. Deste modo, o ordenamento das ruas, das praças e das ruelas fica alinhado pelos ângulos entre duas direcções de ventos.

8. His enim rationibus et ea diuisione exclusa erit ex habitationibus et uicis uentorum uis molesta. Cum enim plateae contra directos uentos erunt conformatae, ex aperto caeli spatio impetus ac flatus frequens conclusus in faucibus angiportorum uehementioribus uiribus peruagabitur. Quas ob res conuertendae sunt ab regionibus uentorum directiones uicorum uti aduenientes ad angulos insularum frangantur repulsique dissipentur.

8. Com efeito com estas razões e estes traçados se afastará das habitações e das ruas a violência nociva dos ventos. Se as ruas ficarem directamente voltadas aos ventos, o ímpeto destes, vindo do espaço superior aberto ao céu, e da abundante brisa apertada pelos estrangulamentos das ruas, fazem com que os ventos circulem por todo o lado, com forte veemência. Eis porque não se deverão orientar as ruas na direcção dos ventos, de modo que ao chegarem se quebrem nos ângulos das ínsulas e repelidos se dissipem.

9. Fortasse mirabuntur hi qui multa uentorum nomina nouerunt quod a nobis expositi sunt tantum octo esse uenti. Si autem animaduerterint orbis terrae circuitionem per solis cursum et umbras gnomonis aequinoctialis ex inclinatione caeli ab Eratosthene Cyrenaeo rationibus mathematicis et geometricis methodis esse inuentam ducentorum quinquaginta duum milium stadium, quae fiunt passus trecenties et decies quinqutes centena milia, huius autem octaua pars quam uentus tenere uidetur est triciens nongenta triginta septem milia et passus quingenti, non debebunt mirari si in tam magno spatio unus uentus uagando inclinationibus et recessionibus uarietates mutatione flatus faciat.

9. Talvez se admirem aqueles que conhecem muitos nomes de ventos porque apenas expusemos oito. Lembrem-se, no entanto, que, de acordo com o curso do Sol, as sombras do gnómon no equinócio e a inclinação do céu, Eratóstenes de Cirene, usando cálculos matemáticos e métodos geométricos, descobriu que a circunferência da terra era de duzentos e cinquenta e dois mil estádios, isto é, trinta e um milhões e quinhentos mil passos, ocupando a oitava parte, que ocupa cada vento, três milhões novecentos e trinta e sete mil e cinquenta passos; por isso não se deverão admirar, que um mesmo vento ao deslocar-se num tão grande espaço, apresente variações de inclinação e inflexão no seu sopro.

__10.__ Itaque dextra et sinistra austrum, leuconotus et altanus flare solet; africum, libonotus et subuesperus; circa fauonium, argestes et certis temporibus etesiae; ad latera cauri, circias et chorus; circa septentrionem, thracias et gallicus; dextra ac sinistra aquilonem, supernas et caceias; circa solanum, carbas et certo tempore ornithiae; euri uero medias partes tenentis in extremis, euricircias et uolturnus. Sunt autera et alia plura nomina flatusque uentorum e locis aut fluminibus aut montium procellis tracta. __(11)__ Praeterea aurae matutinae, qua sol, cum emergit de subterranea parte uersando, pulsat aeris umorem et impetu scandendo trudens exprimit aurarum antelucano spiritu flatus. Qui cum exorto sole permanserunt, euri uenti tenent partes, et ea re, quod ex auris procreatur, ab Graecis εὖρος uidetur esse appellatus, crastinusque dies propter auras matutinas αὔριον fertur esse uocitatus.

10. É por isso que à esquerda e à direita do austro, sopram habitualmente o leuconoto e o altano; em volta do áfrico, o libonoto e o subvéspero; em torno do favónio, o argeste e em certas épocas, os etésios; lateralmente ao cauro, o círcias e o coro; em volta do setentrião, o trácias e o gálico; à direita e à esquerda do aquilão, o supernas e o cécias; em volta do solano, o carbas e numa certa época, os ornítias; e nas extremidades do euro, que se mantém na média parte, o euricírcias e o volturno. Existem ainda muitos outros nomes de outros ventos, que procedem dos lugares, dos rios e das tempestades das montanhas. *(11)*[109] Existem também as auras matutinas donde o Sol emerge, na sua rotação, da parte subterrânea, expulsa a humidade do ar e faz sair sob pressão as brisas que sopram

---

[109] A maioria das traduções modernas fazem este parágrafo, embora o assunto se mantenha o mesmo. É por essa razão que, geralmente, aquelas que assim fazem introduzem um parágrafo não numerado em *"Sunt autem..."*. Optámos por seguir as traduções de Ortiz, de Jan Martin, e restantes.

antes da luz da madrugada.[110] Quando elas permanecem depois da madrugada, ocupam a parte do vento euro e é por essa razão, porque nasce das *aurae*, que os Gregos parecem ter-lhe chamado εὖρος e que o dia de amanhã é chamado αὔριον, por causa das *aurea* matinais.

11. Sunt autem nonnulli qui negant Eratosthenem potuisse ueram mensuram orbis terrae colligere. Quae siue est certa siue non uera, non potest nostra scriptura non ueras habere terminationes regionum unde spiritus uentorum oriuntur. (12) Ergo, si ita est, tantum erit uti non certam mensurae rationem, sed aut maiores impetus aut minores habeant singuli uenti. Quoniam haec a nobis sunt breuiter exposita, ut facilius intellegatur, uisum est mihi in extremo uolumine formas siue, uti Graeci dicunt σχήματα, duo explicare, unum ita deformatum ut appareat unde certi uentorum spiritus oriantur, alterum quemadmodum ab impetu eorum auersis directionibus uicorum et platearum euitentur nocentes flatus.

11. Existem, porém, alguns que negam que Eratóstenes tivesse podido obter a verdadeira medida da circunferência da terra. Que, essa medida, esteja certa ou errada, não impede que os nossos escritos apresentem os verdadeiros limites das regiões de onde são oriundos os sopros dos ventos. Mas, se assim é, significa que cada vento não tem uma medida certa, apenas maiores e menores ímpetos. *(12)* Visto que expusemos brevemente estas coisas, pareceu-me bem, para facilitar a inteligibilidade, mostrar no final do volume dois desenhos, que os Gregos chamam σχήματα, um de tal modo conformado que aparece, onde certos ventos e brisas têm origem, o outro, de que modos se evitam os ventos funestos, desviando do seu curso impetuoso, os alinhamentos das ruas (ver fig.1 e 2 no final do texto).

12. Erit autem in exaequata planitie centrum, ubi est littera A, gnomonis autem antemeridiana umbra, ubi est B; et a centro, ubi est A, diducto circino ad id signum umbrae, ubi est B, circumagatur linea rotundationis. Reposito autem gnomone ubi antea fuerat, exspectanda est dum decrescat faciatque iterum crescendo parem antemeridianae umbrae postmeridianam tangatque lineam rotundationis ubi erit littera C. Tunc a signo ubi est B et a signo ubi est C, circino decusatim describatur: ubi erit D; deinde per decusationem et centrum, ubi est A, perducatur linea ad extremum; in qua linea erunt litterae E et F. Haec linea erit index meridianae et septentrionalis {regionis}[111].

---

[110] Seria natural que aqui as traduções se dividissem dada a confusa frase latina. Parece-nos que a tradução de Macial é aqui bastante confusa, os restantes autores modernos optam por qualquer coisa como "… et la poussant dans l'"elan de sa montée, provoque le courant d'air dês brises qui soufflent avant sa lumière" (Fleury:2003; 38) e "… spilling forth in the onslaught of its rising, it thrusts out the breaths that precede the coming of the daylight." (**Row**. 1999; 30)

[111] Diferenças entre as famílias principais de manuscritos EG e HW.

12. Teremos então, um centro numa superfície nivelada, onde está a letra A, a sombra do gnómon antes do meio-dia, onde está B; e ao centro, onde está A, abrimos o compasso até a marca da sombra onde está B, traçamos uma circunferência com uma linha. Reposto depois o gnómon onde estava antes, esperar-se-á até que a sombra diminua e de novo cresça depois do meio-dia, até ao comprimento da sombra de antes do meio-dia, até atingir a linha da circunferência, onde estará a letra C. Depois, na marca onde está B e na marca onde está C, descrevemos com o compasso dois arcos que se cruzam (num X) onde está D; depois pela intersecção e pelo centro, onde está A desenha-se uma linha até ao extremo (oposto da circunferência); sobre esta linha estão a letra E e F. Esta linha será o índex das regiões meridional e setentrional.

13. Tunc circino totius rotundationis sumenda est pars sexta decima circinique centrum ponendum est in meridiana linea qua tangit rotundationem, ubi est littera E, et signandum dextra sinistra: ubi erunt litterae G H. Item in septentrionali parte centrum circini ponendum in rotundatione et septentrionali linea, ubi est littera F, et signandum dextra ac sinistra, ubi sunt litterae I et K, et ab G (ad K)[112] et ab H ad I per centrum lineae perducendae. Ita quod erit spatium ab G ad H erit spatium uenti austri et partis meridianae; item quod erit spatium ab I ad K erit septentrionis. Reliquae partes dextra três ac sinistra três diuidendae sunt aequaliter; quae sunt ad orientem in quibus litterae L M et ab occidente in quibus sunt litterae N et O. Ab M ad O et ab L ad N, perducendae sunt lineae decusatim. Et ita erunt aequaliter uentorum octo spatia in circumitione. Quae cum ita descripta erunt, in singulis angulis octagoni cum a meridie incipiemus, inter eurum et austrum in angulo erit littera G, inter austrum et africum H, inter africum et fauonium N, inter fauonium et caurum O, inter caurum et septentrionem K, inter septentrionem et aquilonem I, inter aquilonem et solanum L, inter solanum et eurum M. Ita his confectis, inter angulos octagoni gnomon ponatur et ita dirigantur angiportorum diuisiones.

13. Então, com o compasso tomar-se-á a décima sexta parte da totalidade da circunferência, põe-se o centro do compasso na linha meridiana, no ponto em que toca a circunferência onde está a letra E, e marcando à direita e á esquerda, onde serão as letras G e H. Também na parte setentrional se põe o centro do compasso no cruzamento da circunferência com a linha setentrional, onde está a letra F marcando à direita e à esquerda, onde estão as letras I e K, e de G a K, assim como de H a I, do centro se traçam linhas. Assim o espaço que vai de G a H é o espaço do vento austro e da parte meridiana; do mesmo modo o espaço entre I e K será do setentrião. As restantes partes, três à direita e três à esquerda são divididas igualmente, as que estão a oriente terão as letras L e M e a ocidente terão as

---

112 Omissão característica da família Harleianus.

letras N e O. De M a O e de L a N, traçam-se linhas que se cruzam. E assim se obtêm oito espaços de ventos iguais na circunferência. Realizados estes desenhos, se tomarmos um a um os vértices deste octógono começando pela meridiana, entre o euro e o austro no vértice está a letra G, entre o austro e o áfrico H, entre o africo e o favónio, N; entre o favónio e o cauro, O; entre ocauro e o setentrião, K; entre o setentrião e o aquilão, I; entre o aquilão e o solano, L; entre o solano e o euro, M. Concebido isto, coloca-se o gnómon entre os ângulos do octógono, e assim se dirigirão as divisões das ruas.

Caput Sextus (Cap. 6 ex. Cap.7)

XII

1. Diuisis angiportis et plateis constitutis, arearum electio ad opportunitatem et usum communem ciuitatis est explicanda aedibus sacris, foro reliquisque locis communibus.
Et si erunt moenia secundum mare, erea ubi forum constituatur eligenda proxime portum, sin autem mediterraneo, in oppido medio.
Aedibus uero sacris quorum deorum maxime in tutela ciuitas uidetur esse, et Ioui et Iunoni et Mineruae, in excelsissimo loco unde moenium maxima pars conspiciatur areae distribuantur. Mercurio autem in foro aut etiam, ut Isidi et Serapi, in emporio; Apollini Patrique Libero secundum theatrum; Herculi, in quibus ciuitatibus non sunt gymnasia neque amphitheatra, ad circum; Marti extra urbem, sed ad campum; itemque Veneri, ad portum. Id autem etiam Etruscis haruspicibus disciplinarum scripturis ita est dedicatum, extra murum Veneris, Volcani, Martis fana ideo conlocari uti non insuescat in urbe adulescentibus seu matribus familiarum ueneria libido, Volcanique ui e moenibus religionibus et sacrificiis euocata, ab timore incendiorum aedificia uideantur liberari. Martis uero diuinitas cum sit extra moenia dedicata, non erit inter ciues armigera dissensio, sed ab hostibus ea defensa a belli periculo conseruabit.

1. Constituídas as divisões das praças, ruas e passagens, há que eleger as áreas, de acordo com o interesse e utilidade pública, para os edifícios sagrados, o fórum e os restantes locais comuns.

Se o recinto urbano estiver junto do mar, a área onde se ergue o fórum será próxima do porto, se (o recinto) estiver no meio das terras, (o fórum) deve estar no meio do opido. Os templos sagrados dos deuses de máxima tutela da cidade, Júpiter, Juno e Minerva, serão distribuídos em excelsos locais, de onde se possa observar a maior extensão do recinto urbano; para Mercúrio será no fórum ou ainda, como para Isis e Serápis, no empório[113]; para Apólo e Líbero Pai, junto do teatro; para Hercules, nas cidades onde não há gimnásios nem anfiteatros, junto do circo; para Marte, fora da urbe, perto de um terreno plano; do mesmo modo para Vénus, junto do porto. Pois também os harúspices etruscos, nos escritos das suas disciplinas, aconselham a colocação dos templos de Vénus, de Vulcano e de Marte no exterior do recinto, para que a libido venérea, não penetre constantemente no interior da cidade, no coração dos jovens ou das mães de família, e que uma vez o poder de Vulcano evocado fora de muros por rituais e

---

[113] Emporium ou trad. port. Empório é a praça de comércio marítimo, geralmente junto do porto.

sacrifícios, os edifícios possam ser libertos do medo dos incêndios. Quanto a Marte, se honrarmos a sua divindade, fora de muros, não haverá desentendimentos armados entre os cidadãos, mas defenderá a cidade contra os inimigos e preservá-la-á do perigo da guerra.

2. Item Cereri extra urbem loco quo non omnes semper homines nisi per sacrificium necesse habeant adire; cum religione casta sanctisque moribus is locus debet tueri. Ceterisque diis ad sacrificiorum rationes aptae templis areae sunt distribuendae.
De ipsis autem aedibus sacris faciundis et de earum symmetriis in tertio et quarto uolumine reddam rationes quia in secundo uisum est mihi prirnum de materiae copiis quae in aedificiis sunt parandae, quibus sint uirtutibus et quem habeant usum, exponere, <deinde> commensus aedificiorum et ordines et genera singula symmetriarum peragere et in singulis uoluminibus explicare.

2. Para Céres, igualmente, será fora de muros, num local onde os homens não vão frequentemente, a não ser quando necessário para o sacrifício; este local deve ser respeitado com religiosidade e casta santidade. As áreas para os templos dos restantes deuses deverão ser distribuídas de acordo com as características dos seus sacrifícios.
No que diz respeito à construção dos edifícios sagrados, e sobre as suas simetrias, darei conta das suas razões no terceiro e quarto volumes, pois antes, no segundo volume, pareceu-me bem tratar dos materiais necessários, para os edifícios, das suas virtudes e do uso que têm, expondo depois, as medidas desses edifícios, as suas ordens e os géneros singulares das suas relações simétricas, explicando isto em volumes singulares.

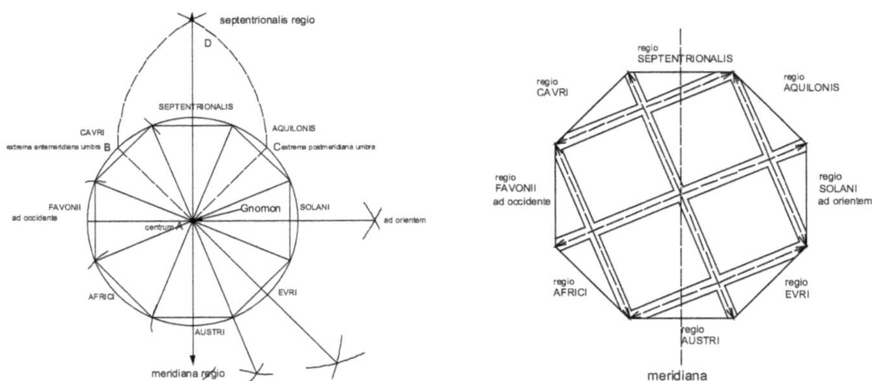

Fig.1 e 2: Da esquerda para a direita a rosa dos oito ventos e a solução de orientação das ruas face aos ventos, na qual aparece a linha norte-sul descrita por Vitruvio. De acordo com a designação da sua localização no texto de Vitruvio, estes desenhos estariam colocados no final do Tratado. Fonte: autor

Terceira Parte

Comentários

Introdução

Esta terceira parte do livro trata dos aspectos que mais celeuma têm levantado, bem como faz um levantamento dos actuais manuscritos ainda existentes, das primeiras edições em latim e das principais traduções realizadas.

Começamos por um aspecto que tem provocado renovado interesse por este antigo texto de Vitruvio, que é, o da incompreensivel tradução de «ratiocinatione» e «fabrica», presentes na obra de Vitruvio, pelos modernos conceitos de teoria e prática. Demonstramos que se trata de um equívoco simplista contemporâneo, sedimentado pela filosofia de Renés Descartes e que não tem reflexo no que Vitruvio entende por aqueles dois conceitos.

Referimos, depois, um segundo equívoco ligado ao texto de Vitruvio que se prende com uma suposta trilogia da arquitectura que estaria implicita no texto de Vitruvio, entre *firmitas*, *utilitas* e *decor*, derivada sobretudo do texto de Leon Baptista Alberti o *De re aedificatoria*, esquecendo os verdadeiros operadores criativos da Antiguidade Greco-Romana.

Caberá ao século XVI através de uma «tradução» pelas mãos de Claude Perrault iniciar uma «segunda geração, dum texto que aparentemente é atribuido a Vitrúvio» como sábiamente escreveu Maria Helena Rua na Introdução da sua tradução de Perrault e, transformar definitivamente tanto os anteriores operadores de concepção clássicos, como montar a ideia de uma nova trilogia estruturante daquele texto.

Na terceira parte vamos ao encontro da tradição destes escritos e procuramos elaborar uma nova bibliogragia dos manuscritos, das primeiras edições latinas e das principais traduções, que nos serviram de base para a actual tradução portuguesa. Tratam-se das fontes primarias e descreve-se o seu estado e a sua localização actual .

1- Uma relação entre «ratiocinatione» e «fabrica», a «solertia» e a educação do arquitecto:

A prática é hoje tomada como um conceito oposto e complementar da teoria, não sendo por acaso que muitas das traduções do texto de Vitruvio, para a lingua comum, tendem a optar por traduzir «ratiocinatione» e «fabrica» por «teoria» e «prática». Em nosso entender essa tradução é uma adulteração do sentido clássico, como essa oposição moderna não existe em Vitruvio.

A prática nos nossos dias apenas refere o conceito abstracto de acção, enquanto a *fabrica* em Vitruvio refere tanto o acto de concepção, como de construção, como a coisa assim produzida ou fabricada (o edifício), bem como um saber específico. Em português verifica-se a permanência de parte do significado de «fabrica», como é o caso do dicionário Latino-Português de "Torrinha", que traduz o termo do seguinte modo: fabrica, ae [faber], f. 1. Mester; profissão; mão d'obra. 2. Objecto fabricado; trabalho feito numa fábrica; forja. 3. Construção; arte de construir; arquitectura, etc.

Jean Martin mantendo o termo *fabrica* introduzirá o termo *discurso* para traduzir *ratiocinatione*, dada a interpretação que faz da definição de Vitruvio «discours est le moyen par le quel on peut monstrer & donner a entendre comment les choses se doivent faire par industrie en gardant bonnes proportions». Note-se que tanto Caesare Cesariano como Gianbatista Caporali Perugino como ainda Miguel de Urrea (na cópia da BNL) também não procuram alterar os termos.

Caberá a Claude Perraul, já em 1673, introduzir a nova dualidade cartesiana que se manifesta entre a teoria e a prática e à qual tão difícil se torna, ainda hoje, escapar.

No entendimento de Martin a noção de *ratiocinatione* como discurso implica a introdução de uma temática retórica no Tratado. Nesse sentido, tratar-se-ia de um dispositivo retórico de pensamento para si próprio, pela apresentação de uma proposição, que será imediatamente questionada, e depois respondida, dispositivo equivalente à figura da *anthypophora*, na qual se colocam as questões para as quais se têm já as respostas. O efeito retórico consiste em responder a eventuais questões que o leitor ou ouvinte venha a colocar. Hoje distingue-se a *hypophora* (como argumento da questão), da *anthypophora* (argumento da resposta) e designa-se tropo (do grego τροχó, virar). Neste sentido tratar-se-ia de um discurso que prepara logicamente o arquitecto, para as eventuais questões que lhe venham a ser colocadas, isto é, antecipação e refutação de argumentos opostos, ou simplesmente, resposta a uma suposta objecção, o que no nosso entender está mais próximo da ideia de Vitruvio, do que um hipotético conceito de teoria cuja oposição a prática nos parece longe do seu horizonte e bem posterior á sua época.

Segundo o sistema de concordância, o termo *fabrica* surge 12 vezes no tratado, das quais quatro são no livro 1; três vezes no livro 5; três vezes no livro 10; apenas uma no livro 2; e uma no prefácio do livro 6.

Esta é uma das definições mais disputadas de Vitruvio. A frase «fabrica es continuata ac trita usus meditatio» é interpretada por Fleury como o exercício de uma acção, a «prática é um exercício continuo e repetido da acção» colocando assim a noção de *fabrica* muito perto da actual noção de prática. No extremo oposto temos Jean Martin, que traduz como meditação sobre o uso e por isso «Fabrique, n'est outre chose que commune et continuele meditation de l'usage...». Numa perspectiva diferente vai a mais livre tradução de Perrault que resolve o hiato entre uma "meditação" e uma "acção" apontando para o projecto "La pratique consiste dans une application continuelle à l'exécution des dessins que l'on s'est propose ...», associando a ideia profundamente pós-renascentista do projecto à elaboração de desenhos.

Julgamos que o conceito de *fabrica* se liga mais a um fazer em si do que a um termo abstracto. Trata-se, no entanto, de um saber directamente ligado ao fazer e à produção da obra (daí o aparecimento do termo *manus*). Devemos perdemos de vista que, Vitruvio não refere uma prática de projecto, no sentido moderno que a palavra tem e que ainda não existia, mas um saber empírico, que naturalmente passa pela experiência da obra e do desenho. Nesta época não era incomum o arquitecto confundir-se com o mestre de obras, tendo uma intervenção mais directa na obra (tb. *fabrica*), trabalhando ao lado dos restantes operários, isto é, a ideia moderna de um arquitecto mediador entre um «dono de obra» (o cliente e aquele que investe o capital) e um «mestre de obra» (o construtor ou empreiteiro) não existe no tempo de Vitruvio, tal como não existe a ideia de "Projecto" como um conjunto de peças gráficas e escritas normalizadas que descrevem e programassem toda a construção. No entanto, sabemos que em certas alturas, na Grécia, o Arquitecto é tido como mais próximo das filosofias e do saber especulativo do que do *bruto* trabalho manual. Aristóteles diz-nos na Metafísica: «Pelo que também pensamos que aqueles que em cada coisa são Arquitectos, são mais dignos de honra e mais doutos e mais sábios que os que operam com as mãos, porque conhecem as causas das coisas que se realizam. Pelo contrário aquele outros obram como certos seres inanimados pois obram sem conhecer o que obram». Mas estes arquitectos são apenas uns poucos, como aliás na Grécia a democracia também era selectiva. Aquelas palavras referem-se a Dédalo (aquele de que fala o mito das asas libertadoras), a Filon (o chefe da escola ática), a Menekrates, Iktinos, Chersifron, Dinócrates (o criador de Alexandria), Arquimedes, (pelas máquinas de guerra) e a Hipodamos de Mileto (o grande urbanista).

Segundo Aristóteles, a arte consiste na aplicabilidade, em casos particulares, de princípios gerais e esse conhecimento tem origem na experiência, pois é, da experiência de muitos casos particulares que resultam os princípios gerais. Tal como é das continuadas experiências intencionais de conformação da matéria, que resulta a *fabrica* ou o *saber do ofício*. A *fabrica* seria assim um saber, mas um saber de «craftsmanship» como refere Granger, ou de artesão. A *fabrica* coloca-se como parte inalienável de uma arte, pois sendo uma mestria, é complementada pelo saber especulativo do raciocínio discursivo, permitindo que a Arquitectura ascenda a ser uma Arte, é saber profundo sobre a concepção e mestria porque, aquele saber deriva da destreza e «solertia» do homem, sobre a manipulação do material.

Os termos «quod significatur et quod significat» usados por Vitruvio, no terceiro parágrafo do prefácio geral ao Tratado que se referem à instrução do arquitecto, parecem ter gerado alguma confusão nas diversas traduções/interpretações. Acreditamos que para tal concorrem duas ordens de razões: primeiro porque o seu discurso não desenvolve convenientemente a ideia, ou desenvolve-a mas de forma pouco explícita para o entendimento moderno; em segundo lugar porque a tradução directa dos termos para significado e significante induz-nos a considerar o universo das actuais teorias linguísticas cujo formalismo não faz parte das ideias expressas pelo autor.

Existiam duas correntes gregas que versavam sobre este tema a dos estóicos e a dos epicuristas [estes últimos parecem ser a fonte de Vitruvio]. Os estóicos usam o termo *semainomenon* (significado) ou lekton (o dito, o intencional), a diferença é que esta última se refere a uma intenção, que (quando completa) é um enunciado que exprime e uma representação do conteúdo. Uma expressão teria assim dois aspectos do seu significado, primeiro o que a expressão significava em si própria, segundo, como é que ela se combinava com outras expressões (em contexto) de modo a ter o sentido de um pensamento. Mas, os estóicos não consideravam apenas o *semainomenon* (o significado), eles consideram também a existência de dois outros componentes do signo, o *pragma* ou *tynchanon* que é o objecto externo referenciado e o *semainon* que é o significante material. Enquanto o *semainon* e o *pragma* são materiais o *semainomenon* é uma entidade abstracta.

Por outro lado os Epicuristas, que são mais materialistas, consideram apenas a existência de palavras e objectos, para estes o *lekton* e o *pragma* (como forma abstracta do *semainomenon*) são puras invenções, isto é, para os epicuristas apenas o *significatur* que é uma versão simplificada do *semainomenon*, mas que absorve a materialidade do referente (o *pragma*) e o *significant*, que mantém a materialidade do *semainon* como sistema terminológico discursivo e teórico. Por outras palavras, não existe significado para lá do objecto, pois o objecto é o significado, havendo o *significant* que conglomera as referencias ao objecto.

Pensamos, por isso, que não se deve considerar aqui a metafísica formal do sistema semiótico moderno (a definição de signo) porque a sua tendência formal, não permite ver que Vitruvio se refere a um conteúdo [*significatur*] que se confunde com a coisa material, cuja organização obedece à relação entre os objectos [as coisas materiais] e ao talento, a perícia e a habilidade ou «solertia» do arquitecto, enquanto o discurso [*significant*] obedece às regras do conhecimento das disciplinas, ao modo como aquelas se expressam e pensam os objectos. Por isso, se é necessário termos uma referência etnocêntrica, temos de considerar que a relação está longe de se assemelhar a uma relação semiótica, estando mais próxima de uma relação semântica, mas trata-se apenas de uma aproximação e não uma efectiva relação semântica.

Neste sentido, para compreender a relação entre «*ratiocinatione*» e «fabrica» temos de ultrapassar a nefasta teoria cartesiana que nos tem levado a opor teoria e prática, não apenas como territórios (rex) separados, mas como conceitos opostos e, para isso, é necessário entender o conceito aristotélico de *téchne,* que não só afirma a existência de uma destreza e habilidade de um especialista (*fabrica*) como a imediata dimensão da memória cultural (*ratiocinatione*). Uma forma de conhecimento e uma forma de produção de conhecimento uma *epistéme*. Assim, todo o De Architectura procura afirmar esta disciplina como uma *téchne* e uma *epistéme* (exprimindo-se esta última em discursos) a par de outras tantas como a medicina, a política, a matemática, etc. Esta seria a noção base que nos permitirá entender os operadores conceptuais da arquitectura propostos pela Arquitectura Clássica da Antiguidade e, a própria noção, *antimoderna,* de operadores conceptuais.

2. Em que consiste a Arquitectura:

Vimos atrás que, para Vitrúvio, a Arquitectura é uma disciplina aplicada, uma arte ou uma *téchne*, no sentido que lhe dá Aristóteles, facto extraordináriamente antimoderno e mesmo incompreensível para os modernos, porquando isso a coloca imediatamente como uma *epistéme*. Isto é, é através da conjunção da *fabrica* e da *ratiocinatione*, que nasce a *techne architectonica* (a arte) e a correspondente *episteme architectonica* (a disciplina).

Como qualquer *téchne* ela tem regras, que resultam da experiência e da memória, naturalmente associadas à percepção, que as viabiliza. Mas, estas regras não são meros experimentos «práticos» ou abstractas «teorias», mas antes constituintes que à falta de um vocabulário, que teremos de inventar, designamos por «operadores conceptuais» quando falamos de *fabrica*, ou «conceitos operativos» quando falamos de *ratiocinatione*, pese embora não nos agradem os automatismos que daqui possam advir.

Estes conceitos, em número de seis, ocorrem no Tratado do seguinte modo:

Symmetria: O termo ocorre (84): 9 symmetria; 14 symmetriae; 5 symmetriam; 17 symmetriarum; 11 symmetrias; 24 symmetriis; 1 symmetriasque; 1 symmetriatum; 1 symmetriisque; 1 symmetros.

Eyrithmia: O termo ocorre (4): 2 eurythmia; 2 eurythmiae

Decore: O termo ocorre (17): 4 decor; 1 decoras; 4 decore; 5 decorem; 1 decoreque; 2 decoris.

Ordinationem: O termo ocorre (48): 1 ordinaria; 1 ordinariis; 4 ordinata; 1 ordinatae; 1 ordinate; 1 ordinatio; 1 ordinatione; 1 ordinationem; 2 ordinationes; 1 ordinaverunt; 11 ordine; 2 ordinem; 14 ordines; 1 ordinesque; 1 ordinis; 1 ordinita; 4 ordo.

Dispositione: O termo ocorre (50): 1 dispoitis; 10 disponantur; 1 disponendae; 1 disponentur; 1 disponere; 2 disponuntur; 10 disposita; 4 dispositae; 2 dispositas; 1 disposite; 2 dispositi; 8 dispositio; 5 distositis; 1 dispositos; 1 dispositus.

Distributione: O termo ocorre (44): 4 distribuantur; 2 distribuendae; 1 distribuere; 1 distribuerunt; 2 distribui; 1 distribuit; 2 distribuitur; 4 distributa; 1 distributae; 1 distributas; 1 distributi; 4 distributio; 4 distributione; 1 distributionem; 11 distributiones; 1 distributionibus; 1 distributionis; 2 distribuuntur.

Para entender a incompreensão destes conceitos por parte dos modernos, basta seguir Cl. Perrault que, na sua tradução/interpretação do texto latino, reduz aqueles a apenas cinco, a ordenação, a disposição, a euritmia que assimila a proporção e simetria, o decoro e a distribuição. Mas, porquê esta aversão à Euritmia e à Simetria? Perrault, considera que no texto de Vitruvio o conceito de simetria é igual ao de proporção (notas 2 e 3 da p.10) e justifica-o do seguinte modo: todos «les interpretes ont cru que l'Eurytmie & la Proportion que Vitruve apelle Symmetria, sont icy deux choses differentes, parcequ'il semble qu'il donne deux definitions: mais ces definitions à les bien prendre, ne disent que la mesme chose; l'une & l'autre ne parlant, par un discours également embrouillé, que de la Convenance & de la Proportion que les parties ont au tout», por outro lado, considera o termo simetria inadequado, pois «je n'ay put m'en servir icy parceque Symmetrie signifie en Grec & en Latin, ny ce que Vitruve entend icy par Symmetria, qui est le rapport que la grandeur d'un tout a avec les parties, lorsque ce rapport est pareil dans un autretout, à l'égard aussi de ses parties, où la grandeur est differente: Par exemple, on dit que deux statues dont l'une a huit pieds de haut, & l'autre huit pouces, sont de mesme proportion, l'orsque celle de huit pieds a la teste haute d'un pied, & celle de huit pouces, l'a d'un pouce : mais on entend autre chose par le mot de Symmetria en François ; car il signifie, le rapport que les parties droites ont avec les gauches, & celui que les hautes ont avec les basses, & celles de devant avec celles de derriere, en grandeur, en figure, en hauteur, en couleus, en nombre, en situation ; & generalement en tout ce qui les peut rendre semblables les unes aux autres". Fica por explicar a presença dos três termos no texto e, se não acreditarmos que se deve a uma qualquer «incapacidade expressiva» de Vitruvio, também custa a acreditar tratar-se de uma coincidência, em que todos os copistas, nos diversos manuscritos existentes e espalhados pelos diversos conventos europeus, tivessem tido necessidade de «acrescentar» termos expressivos. Isto é, Perrault considera a simetria como uma mera propriedade óptica espectral com eixo vertical, horizontal ou em profundidade, definição essa, inteiramente moderna na abstracção perceptiva dos seus princípios, perde de vista o significado simbólico desta relação, que Vitruvio e os antigos lhe davam. Antes de mais, convém verificar que o conceito mais mencionado no Tratado é o de *symmetria* e, que o termo *proportionis* aparece apenas associado à *ordinatio* e não à simetria, como gostaria Perrault. É certo que o termo *eurithmia* é o que aparece menos vezes na obra mas, exactamente por isso, nada nos autoriza a assimilar esse conceito ao de proporção ou simetria, até porque para Vitruvio existe a «propriedade simétrica da eurithmia»[114] o que

---

[114] Ver a definição de simetria no parágrafo 5 deste texto.

separa imediatamente os dois conceitos. Por estas razões, não iremos assumir as interpretações de Perrault.

Ingid D Rowland, refere uma adaptação dos termos da retórica, mas, na verdade, apenas um parece coincidir, a *dispositio*, pois a *inventio* que menciona, não substitui nenhum dos termos de Vitruvio e, segundo a própria autora, existe alternância entre os dois termos. Mesmo que assim não fosse, a *inventio* não é um operador, mas uma qualidade do agente [criador], enquanto a *dispositio* é um operador de concepção. Também não podemos estar menos de acordo com a autora, quando, esta refere que se tratam apenas de termos literários convencionais e não de uma reflexão sobre a concepção.

Conforme Vitruvio demonstra, em tudo há uma ordem, quer no Tratado, quer na Arquitectura, quer nos conceitos e por isso procuraremos encontrar essa ordem neste texto..

Não cabe aqui, uma análise exaustiva destes conceitos, apenas queremos salientar a ideia de que são conceitos, que se apresentam como expressões de operações que, manifestam um modelo cognitivo de concepção da Arquitectura.

A *symmetria* consiste no acordo harmonioso dos membros da própria obra e na correlação entre as partes, tomadas separadamente e na configuração do conjunto, de acordo com uma determinada parte (*rata pars*). No corpo humano encontramos a propriedade *symmetria* da *eurythmia* a partir do côvado, do pé, do palmo e de outras pequenas partes, o mesmo se passa nas obras perfeitas. Primeiro nas obras sagradas (templos), a partir da espessura das colunas, do tríglifo e também no *embater*; depois na balista, a partir da abertura a que os Gregos chamam *peritreton*; nos navios nos intervalos (*interscalmio*) entre dois toletes[115], que se diz *dipechyaia*; igualmente a partir dos membros de todas as outras obras, encontramos um sistema de *symmetria*.

A *symmetria* é, assim, uma propriedade estética e operativa, que determina uma unidade geral da obra. Esta unidade faz-se a partir de um sistema que, correlaciona as partes com o todo segundo uma unidade e da qual todas derivam. O termo «comensurabilidade» tem sido avançado, pelo próprio Vitruvio como se *commensus* fosse parte da *symmetria*, mas a verdade é que o termo *symmetria* (mesmo nos nossos dias) acentua a hierarquia da unidade do todo sobre a das partes, enquanto a comensurabilidade não garante essa relação. Por outras palavras, enquanto a *symmetria* é uma qualidade e um estado final do efeito do edifício, a comensurabilidade é uma das operações que permite criar essa unidade.

---

[115] Refere-se a distância entre remos, pela distância da cavilha de madeira ou de ferro, fixa na borda do barco, onde se apoiam os remos.

Mas, o mais importante, acerca da *symmetria,* é a qualidade de unir o inteligível e o sensível. Não é por acaso que, com excepção da *decor,* mas por razões diferentes, o conceito merece, da parte de Vitruvio, uma segunda definição que se foca nos templos (*De aedibus sacris*). Sendo o inteligível aquilo que é universal e ideal; por um lado, é o número ligado a toda a mistica Pitagórica, por outro lado, a edificação sagrada; enquanto o sensível, é a matéria que apresenta as características do mundo físico. Isto é, a *symmetria* é a qualidade que une o macrocosmos com o microcosmos e, por isso, assume face a todos os restantes conceitos de concepção e na totalidade do tratado, um papel simbólico determinante.

A ***ordinatio*** é a conveniente adaptação das medidas dos membros da obra tomados separadamente e na totalidade, de modo a estabelecerem relações que têm em vista a *symmetria.* Ela é constituída pela *quantitas* (grandeza) que em Grego se diz *posotes.* A *quantitas* é a grandeza que tem por finalidade definir a relação modular da *symmetria.* E a escolha desta grandeza, faz-se a partir das medidas das diferentes partes entre si[116] e de cada uma destas com o todo.[117]

Trata-se, assim, de um operador conceptual que procura, pela sua própria acção, encontrar a grandeza, a proporção e a analogia, que relacionará as partes entre si e com o todo, de modo a contribuir para a *symmetria.*

A ***dispositio*** é a composição ou estruturação correcta dos elementos, de modo que, essa realização elegante da obra lhe determine as regras da repartição das massas. Ela é gerada por três espécies de disposições ou *ideae*: a *ichnografia,* a *orthographia* e a *scaenographia* (a planta, o alçado e a perspectiva). A dispositio não se confunde com os desenhos e as representações, mas com o acto de dispor correctamente dos espaços e dos volumes, servindo as representações como modelo, para se encontrar a melhor disposição do todo, na relação entre as partes. As figuras obtidas, como mediações mensuráveis, resultam da reflexão com um propósito e, da invenção que, por sua vez, resulta da criatividade do arquitecto.

A composição, ou *dispositio,* distingue-se, como veremos, da distribuição, ou *distributio,* exactamente porque o primeiro é um operador de analogia interna e, o

---

[116] Faventinus, Cetius (Artis Architectonicae Privatis Vsibvs Adbreviatvs Liber), define a quantitas como a "dimensão de cada um dos membros na sua relação proporcional com a totalidade da obra"

[117] Ver Ph. Fleury (2003) Vitruve I. Paris : Les Belles Lettres, pag. 105. Pierre Gross. (2003) Vitruve III, Paris : Les Belles Lettres, pag. XXIX. Também Louis Callebat e Ph. Fleury (ed) (1995) Dictionaire des termes techniques du De architectura de Vitruve. Hildesheim, Zurich, New York : Olms-Weidmann, pag. 70

segundo, um operador de analogia externa. Aqui, como nos anteriores, a finalidade é atinguir a *symmetria*.[118]

A *eurythmia* (ευριθεμια) é a aparência graciosa e o aspecto bem proporcionado, que se realiza na composição dos membros, quando entre a altura destes, a sua largura e a sua profundidade e se estabelece uma relação, que corresponde à *simetria*. O termo é original na Arquitectura, significando, a cadência harmónica na música, na dança e mesmo na retórica. Parece ter existido um tratado de escultura, designado o *Canon de Policleto* que a referia mas, como algo que fácilmente assimilaria a simetria (συμμετρια) e a harmonia (αρμονια). No entanto, Vitruvio parece ter sido o primeiro a usá-la aplicada á arquitectura, introduzindo um conceito que, junta um termo matemático á música e às relações musicais na arquitectura. Deste modo, Vitruvio, introduz mais uma qualidade estética que, de certo modo. é a qualidade visual e aparente dos ritmos que devem caminhar para a *symmetria,* aqui vista como harmonia ou concordia. Note-se que, as fracas menções deste conceito ao longo do tratado, em nada prejudicam o seu entendimento, como um operador analógico interno.

O *decor,* o decoro ou a conveniência, é o aspecto desejado de uma obra realizada com qualidade, por meio de elementos experimentados ou provados. Existem três espécies de decoro, as regras, os costumes e a natureza. O decoro atingido pela regra, é dado pelo acordo entre os templos e os deuses. O decoro atingido pelos costumes, é dado pelo acordo entre as qualidades dos espaços usados no mesmo edifício. O decoro atingido através da natureza, é dado pelo acordo entre o edifício e o local onde se implanta (terreno, orientação à luz e aos ventos, etc.).

O decoro ou conveniência realiza um relacionamento entre o edificado e alguns aspectos religiosos, sociais e naturais, quer estes se configurem como estritas regras obrigatórias, quer se adaptem a tradições e costumes sociais, quer ainda se trate da contingente relação com a envolvente natural ou urbana.

A *distributio,* ou *aeconomia,* é a repartição conveniente dos recursos e do terreno e, nas obras, um sábio equilíbrio das despesas graças ao cálculo. Existem três tipos de distribuição, a que se aplica à economia, a que se aplica aos recursos materiais para construção e a que se aplica à funcionalidade. O primeiro, refere-se ao controlo de despesas; o segundo, à gestão dos materiais de construção a usar e existentes; e o terceiro, aplica-se à adequação entre as funções a que se destina o edifício.

Como se constata, este último conceito é também um operador que tem por finalidade uma adequação genérica (entre disponibilidades financeiras e despesas,

---

[118] Sobre a representação ver Yvon (1984), mas sobretudo sobre as respectivas correcções ópticas ver Haselberger (1999)...

entre recursos e necessidades construtivas e entre função e atribuição dos espaços).

Segundo Scranton (1974)[119] «Vitruvius actually has in mind two quite separate categories among which the six terms should be distributed: first, what the architect does-his "art" in the sense of his technical activity; and, second, the aesthetic qualities of the building that is produced-the "work of art" itself», os termos *ordinatio, dispositio* e *distributio* referem-se a uma acção, aquilo que o arquitecto faz, enquanto os termos *symmetria, eurythmia,* e *decore* referem-se a finalidades a atingir, as qualidades estéticas do edifício. Esta divisão em duas categorias parece derivar das terminações latinas das palavras –tio e –tionis que, em latim, têm como primeiro significado, a ideia de acção e como significado secundário a ideia de um estado, de uma finalidade. Neste sentido, e ainda segundo Scranton[120], Vitruvio distingue na concepção, as operações que o arquitecto tem de executar, das qualidades estéticas que o edifício deve ter. A arte do arquitecto consiste na *ordinatio, dispositio* e *distributio*. A arte do edifício consiste na *symmetria, eurythmia,* e *decore*. Sendo uma hipótese sedutora, pela simplicidade e beleza, com que se nos apresenta, não deixa de incorrer em algumas armadilhas conceptuais. A primeira é quase uma armadilha linguística, confessada pelo próprio Scruton, colocando as expressões como substantivos e verbos, a segunda, é cair no sistema categórico dual neo-cartesiano de oposições entre acção e estado.

Será mais interessante verificar os modelos cognitivos que Vitruvio nos propõe. Por um lado, todos os operadores obedecem tanto a um sistema intencional-conceptual, como a um sistema sensorio-motor, inviabilizando a hipótese de Scruton, que colocava a hipótese de existirem operadores de estado. Tal não se verifica e, dificilmente, podemos aceitar a ideia de alguns operadores não serem transversais, tanto à estética, como à funcionalidade técnica. Facto que aliás já se colocava na própria definição da *téchne* aristotélica e, que tivemos ocasião de discutir no subcapítulo anterior.

No entanto, e com todas as limitações inerentes a qualquer tipo de classificação, tentaremos aqui uma categorização que consideramos importante, até para a compreensão de alguns problemas interpretativos que, se fizeram sentir desde o Renascimento.

Antes de mais, convém chamar a atenção para o facto de que nem a proporção nem a escala, se afirmam nesta altura como conceitos explicitos e, no entanto,

---

[119] Scranton, Robert L. " Vitruvius' Arts of Architecture" in Hesperia, Vol. 43, No. 4, (Oct. - Dec., 1974), pp. 494-499 Published by American School of Classical Studies at Athens.
[120] Ob. Cit., pag. 499

como categorias cognitivas, ambas estão presentes implicitamente nos diversos conceitos operativos de Vitruvio. A razão para não as podermos classificar como conceitos operativos, como o fará Perrault com a proporção, reside no facto de que, são conceitos, cujas características específicas trabalham em níveis cognitivos diferentes.

A proporção estabelece relações analógicas internas e a escala estabelece relações analógicas externas. Em que medida estes dois conceitos categóricos, estão implicitos na Arquitectura, a um tal ponto que, acabarão por influenciar quer a teoria da concepção Renascentista (proportio), quer a teoria da concepção Moderna (escala), será uma questão, que aqui evitaremos e guardamos para outra ocasião.

Para simplificar esta primeira aproximação, consideramos que. tanto a proporção como a escala, são categorias relacionais capazes de estabelecer analogias (operação cognitiva tão cara à Antiguidade Clássica), sendo estas últimas de natureza diversa. O que diferencia estas categorias é, apenas, a escolha do seu universo referencial. E é esta escolha de campos referenciais que nos interessa desenvolver.

Por um lado temos a proporção, como categoria relacional estabelecendo todo o tipo de relações analógicas internas (entre as partes e o todo). Por outro lado temos a escala, também como categoria relacional, estabelecendo todo o tipo de relações analógicas externas entre a arquitectura e a sua envolvente. .

Como categorias não se especificam no tipo de analogias, cabendo aos operadores definirem, se essas analogias são de *conuenientia* - matemáticas e mensuráveis - ou se são de *armonia* - religiosas, filosóficas e sociais, etc.

Em nosso entendimento, será com base nestas duas categorias que os operadores se organizam, entre aqueles que referem as analogias internas e os que referem analogias externas. Teriamos assim, um modelo relacional analógico externo que absorve os operadores de concepção da symmetria, do decor e da distributio e um modelo relacional analógico interno que absorve os conceitos operativos da ordinatio, da eurythmia e da dispositio.

Estariam na categoria das relações analógicas de escala externa ao edifício:

- a *symmetria*, já que correlaciona, através da analogia, as qualidades do edifício ao ininteligível, manifestado pelo número e pelo sagrado, criando um conjunto de similitudes entre, o Inteligível, o mensurável e o ininteligível.

- o *decor* ou a conveniência estabelece as relações analógicas de significação em função da sociedade, dos costumes e da natureza.

- a *distributio,* que procura a repartição equilibrada interna das áreas, dos custos, e dos recursos, com as funções, com a economia e com o contexto.

Estariam na categoria das relações analógicas de proporcionalidade interna ao edifício:
- a *ordinatio,* que estabelece as relações de grandeza interna, de tal modo que permita encontrar a medida base, sob a qual se estabelecem as relações internas de analogia.
- a *dispositio* ou composição, que, através do desenho, permite dar um sentido equilibrado ao conjunto do espaço arquitectónico.
- a eurythmia, que permite criar relações de valores «tonais» entre as diversas massas ou volumes e os vazios, de modo a criar uma comensurabilidade proporcional.

Com base nesta categorização, percebe-se claramente que, hierarquicamente, os dois principais operadores são, a *symmetria* como base fundamental das relações analógicas externas - e embrião da actual escala e não da proporção como queria Perrault - e a *ordinatio,* como base fundamental das relações analógicas internas – que em conjunção com a *eurithmia* e a *dispositio* torna-se responsável pela ideia reducionista (apenas matemática e sem transcendência), de proporção e modulação.
Por outro lado e ainda num esquema hierárquico, podemos observar que a ordem das relações analógicas da arquitectura é sempre da categoria da escala[121], isto é, o operador fundamental e determinante da Arquitectura desde a Antiguidade tem por base as relações de analogia externa da *symmetria*. Razão pela qual o inicio da Modernidade tem como marca textual a tradução-interpretação do texto de Vitruvio por Cl. Perrault, altura em que a *symmetria* é absorvida e se incorpora no inconsciente arquitectónico, desaparecendo simultaneamente como operador de concepção. Doravante verifica-se que a proporção assume o papel da eurithmia, desacralizando a arquitectura e criando a possibilidade para o aparecimento da arquitectura autónoma.

---

[121] O que suporta a teoria da arquitecturologia de Philippe Boudon (2002)

Bibliografia

1. Os principais manuscritos existentes:

- (H) **Harleianus 2767** *(texto curto completo)* do British Museum de Londres, que consta de um manuscrito completo do século IX;
- o (P) **Parisinus 10277 Pithoeanus**[122] *(texto curto completo)* da Biblioteca Nacional de Paris, manuscrito do século X, que contém todo o texto, seguido pela **Epítome** de Faventino;
- o (E) **Gudianus 132 Epitomatus** *(texto largo incompleto)* da Herzog-August Bibliothek de Wolfenbüttel (4436), manuscrito atribuido ao século X, IX e XI, que contém os 26 primeiros capítulos da **Epítome** de Faventino, entremeados com extractos do De architectura, sendo que, o restante do manuscrito, contém **outras obras** (proveniência do norte de França);
- (L) **Vossianus 88** *(texto curto completo)* da Rijkuniversiteit Bibliotheek de Leyde, Holanda, manuscrito do século X;
- (S) **Scletstatensis**[123] **1153 b, nunc 17** *(texto curto com lacunas)* da Bibliothèque et archives municipales de Sélestat, França, manuscrito atribuido ao século X, descoberto somente em 1878, contém um conjunto de receitas técnicas (*Mappae clauicula*), seguidos pela **Epítome** de Faventino e o De architectura completo, apresenta lacunas nos livros VIII e X. Parece apresentar influências posteriores do original de (G) e (E);
- (v) **Vaticanus Reginensis 1504** *(texto curto completo)* da Bibl. Apostolica, do Vaticano, manuscrito de data polémica (Marini: VIII-IX séc.; Rose, Degering: IX séc.; Ruffel e Soubiran: X séc.), com todo o texto seguido pela **Epítome** de Faventino.
- (f) **Franekeranus**[124], **B. A. fris. 51** *(texto curto completo)* da Bibliothèque Provinciale de Frise em Leuwarden, manuscrito do fim do século X ou, início do século XI;
- (b) **Bruxellensis 5253** *(texto curto completo)* da Bibliothèque Royale de Bruxelas, manuscrito cuja data oscila entre o IX e o XI séc., existe um livro sobre este manuscrito intitulado <u>Le "codex bruxellensis 5253 (b) de Vitruve et la tradition manuscrite du De architectura"</u> de Felix Peeters de 1949, no qual se argumenta que este manuscrito é gémeo do Harleianus;

---

[122] Formozinho Sanchez refere-o com o número 1027, provávelmente foi alterado ou então é gralha.

[123] Júlio César Vitorino, ob. Cit. refere o nome Seletstatensis, presumimos tratar-se de uma gralha.

[124] Idem, refere o nome Frankeranus.

- (G) **Gudianus 69** *(texto largo completo)* da Herzog August Bibliothek, 4373, de Wolfenbüttel, manuscrito do século XI. Usado por Ingid D Rowland & Thomas Noble Howe para a sua tradução inglesa de 1999;
- (l) **Vossianus 107** *(texto curto completo)* da Rijksuniversiteit Bibliotheek de Leyde, Holanda, manuscrito do séc. XI. Passagens omitidas pelo copista foram acrescentadas à margem por um corrector que escreve uma parte do texto;
- (e) **Escorialensis III f. 19** *(texto curto completo)* da Real Bibliotheca do Escorial, manuscrito de data incerta (X-XI séc.) de origem holandesa;
- (c) **Cottonianus Cleop. D1**, *(texto curto completo)* do British Museum de Londres, Cotton Cleoptra, manuscrito do XI ou do X séculos, com todo o De architectura, seguido pelo **De re militari** de Vegécio e pela **obra de Solino** (proveniência da Abadia de St⁰. Agostinho em Canterbury) ;
- (h) **Harleianus 3859** *(texto curto completo)* do British Museum de Londres, Harley, manuscrito do séc. XI ou XII; contém todo o texto precedido pelo **De re militari** de Vegécio, pelos **Saturnales** de Macróbio, pela **Inuectiua Sallusti in Ciceronem**, pela **Historia Britonum** de Nennio, por **obras de Santo Agostinho, Solino e Aethicus** (proveniência do Mosteiro de S. Pedro de Ghent);
- (p) **Parisinus 7227**, *(texto curto completo)* da Bibliothèque Nationale de Paris, Lat. 7227 – antigamente 5439 e 1439): manuscrito do séc. XI ou XII, segundo Degering, seria o exemplar de Petrarca;
- (W) **Vaticanus Reginensis 2079** *(texto curto completo)* da Biblioteca Apostólica do Vaticano, manuscrito cuja data varia entre o séc. XIII e o séc. XV, seguido pelo anónimo **Secreta, siue Modi conficiendarum uariarum rerum**;
- (V) **Vaticanus Reginensis 1328** *(texto curto completo)* da Biblioteca Apostolica do Vaticano, Reg. lat., manuscrito cuja data varia entre o séc. XIII e o séc. XV.

Ordenação e nomenclaturas dos Manuscritos :

B Bruxellensis 5253	sec. IX-XI	α f.H	completo
c Cottonianus Cleop. D I	sec. XI	α f.H	completo
E Gudianus 132 Epitomatus	sec. IX- X	β	incompleto
e Escorialensis III f 19	sec. XI	α f.HL	completo
f Franekeranus, B. A. Fris. 51	sec. X-XI	α f.H	completo
G Gudianus 69	sec. XI	β	completo
H Harleianus 2767	sec. IX	α	completo
H Harleianus 3859	sec. XI-XII	α f.H	completo
L Vossianus 88	sec. X	α f.H	completo
l Vossianus 107	sec. XI	α f.H	completo

M Magliabechianus 17.5	1453	α f.H	
P Parisinus 10277 Pithoeanus	sec. X	α f.H	completo
p Parisinus 7227	sec. XI-XII	α f.H	completo
R Vallicellianus D.31	sec. XV	α f.H	
S Scletstatensis 1153 b, nunc 17	sec. X	αεβ	lacunas
T Matritensis ms. 10075 (Toletanus)	sec. XV	α f.H	
V Vaticanus Regin. 1328	sec. XII-XV	αε	completo
v Vaticanus Regin. 1504	sec. VIII-X	α f.H	completo
W Vaticanus Regin. 2079	sec. XII-XV	αε	complete

2. *Principais edições latinas:*

Scu. – Sulpitius Verulanus, Fra Johannes[125] (1430-149..) **De architectura libri decem**. Dado que não apresenta, folha de rosto, lugar de impressão nem data, existem duas hipóteses: Roma: Jorge. Herolt, 1486; ou Roma: Eucharius Silver. 1487-88. (editio princepts)[126] (fac-símile da BNF). Acredita-se derivar do manuscrito (G) ou de um descendente do (H) mas com correcções derivadas de um Gudianus.

   - **Cleonidae Harmonicum introductorium**. Cléonide, interp. Giorgio Valla Placentino; **De architectura libri decem**. L. Vitruvii Pollionis, interprete Sulpitius; **De aquaeductibus**. Sexti Julii Frontini. Veneza: Edição de Simonem Papiensem dictum Bivilaquam, 1497. (o texto de Vitruvio é a 3ª edição de Sulpitius). (fac-símile da BNF).

Gio. – Giocondo, Fra Giovanni **Viruviu per Jocundum solito castigatior factus cum figuris et tabula**. Veneza: edição de Ioannis de Tridino alias Tacuino. 1511-127. (fac simili da BNF) também existente no site da Université François Rabelais, Centre d'Études Supérieures de la Renaissance, no

---

[125] Segundo vários autores, entre as diversas edições de Sulpitius existem variantes e conjecturas, não se tratando de uma simples cópia da *editio princepts*.

[126] A primeira edição, (edição *princeps*) não tem título, não se sabe onde e quem a imprimiu, apenas sabemos pelas primeiras linhas do texto que o seu autor (compilador) se chamava Sculpitus (o texto começa com a frase Sulpitius lectori salutem), fazendo supor tratar-se de Johannes Sulpitius Verulanus de Roma e, com base nisso, os especialistas dão a data da edição compreendida entre 1486 e 1492. Sabe-se hoje que se tratava de uma cópia corrigida, gramaticalmente, de um único manuscrito, descoberto e colocado em circulação em 1414. Na mesma edição do De architectura, está um outro texto o *De aquaeductibus urbis Romae*. Dados os fracos recursos linguísticos gregos e a ignorância arquitectónica do editor, as partes e termos em grego e os epigramas ficaram em branco.

[127] Primeira edição crítica. Giocondo utilizou manuscritos de diversas procedências, corrigiu erros do texto, preencheu lacunas e reconstruiu as partes em grego. Pela primeira vez aparecem ilustrações (136), um glossário e uma tabela indexadora. Foi reimpressa por outros editores em 1513 em conjunto com o *De aquaeductibus urbis Romae*, novamente em 1522 e em 1523.

URL: http://www.cesr.univ-tours.fr/Architectura/Traite/Images/CESR_2994Index.asp.

- M. Vitrvvii. **De Architectvra Libri decem**, nuper maxima diligentia castigati atque excusi Beigefugt: Frontinus Sextus Iulius: Iulij Frontini de **aqueductibus libris** propter, ateriae affinitatem. Florenz, 1522. Ruprecht-Karls-Universitat Heidelberg. Web doc. URL: http://digi.ub.uni-heidelberg.de/diglit/vitruvius1522.[128]

- Vitruvius Pollio, Marcus. **De Architectura Libri Decem** ... nunc primum in Germania... : Frontinus. **De Aquaeductibus urbis Romae libellum**: Nicolaus Cusanus. **De staticis experimentis, fragmentum**. Strassburg: Knobloch, 1543. Primeira edição impressa na Alemanha. Web doc.

URL: http://fondosdigitales.us.es/books/ e

URL:http://digi.ub.uni-heidelberg.de/diglit/vitruvius1543bd1   ; http://.../vitruvius1543bd2;   http://.../vitruvius1543bd3;   http://.../vitruvius1543bd4; http://.../vitruvius1543bd5.

Segundo Javier Fresnillo Núñes, entre as edições de Sulpitius e Giocondo e os manuscritos, existem algumas diferenças, pressupondo por isso, uma postura de alteração (correcções) ao texto.

Phi. - **Gulielmi Phillandri Castilionii Architectura libri decem ad Caesarem Augustum**_Gulielmi Phillandri Castilionii, ciuis Romani annotationes, castigatiores, & plus tertia parte locupletiores. Adiecta est, Epitome in omnes Georgii Agricola de mensuris..., Lyon: Apud Joan Tornaesium, 1552. (fac-simile da BNF) também em URL: http://digi.ub.uni-heidelberg.de/diglit/vitruvius1552.

- M. Vitrvvii Pollionis de **Architectvra Libri Decem**, cum notis, castigationibus & observationibus Gvilielmi Philandri, integris; Danielis Barbari, excerptis, & Clavdii Salmasii passim insertis. Elementa Architectvrae de Henrico Wottono, Lexicon Vitrvvianvm de Bernardini Baldi Vrbinatis. Amesterdão: Ioanne de Laet. 1649.

URL: http://digi.ub.uni-heidelberg.de/diglit/vitruvius1649.

Bar. - Danielis Barbari - **De Architectura libri decem**, cum commentariis Danielis Barbari. Veneza: Apud Franciscum Franciscium Senensem & Ioan Crugher Germanum, 1567. (fac-símile da BNF)

URL: http://digi.ub.uni-heidelberg.de/diglit/vitruvius1567.

Ros. – Valentin Rose. Marcus Vitruvius Pollio, **De Architectura**. Leipzig:Teubner. 1867. Foi consultada a edição de 1899 da mesma editora e que junta a informação recolhida da descoberta do manuscrito *(S)cletstatensis* 1153 b, nunc 17, do séc. X. Acesso ao texto através da LacusCurtius,

---

[128] O acesso a estes documentos deve ser feito primeiro pelo endereço da base de dados URL: http://www.ub.uni-heidelberg.de/helios/fachinfo/www/kunst/digilit/architektur/welcome.html?print=yes#v, só depois se pode consultar as obras mencionadas.

URL: http://penelope.uchicago.edu/Thayer/L/Roman/Texts/Vitruvius/home.html.

Kro. – F. Krohn. Vitruvius Pollio, **De Architectura**. Leipzig: Teubner. 1912. Acesso diirecto ao texto através do Perseus,
URL: http://www.perseus.tufts.edu/cgi-bin/ptext?doc=Perseus:text:1999.02.0072.

Fen. - C. Fensterbusch. Vitruv, Zehn Bücher über Architektur Lateinisch und Deutsch. Darmstadt: C. Fensterbusch Ed. 1964/76. Acesso directo através da Bibliotheca Augustana.
URL:http://www.fh-ugsburg.de/~harsch/Chronologia/Lsante01/Vitruvius/vit_ar00.html

3. Principais traduções para a língua comum:

Ces. - Cesare Cesariano. **Di Lucio Vitruvio Pollione De architectura** libri dece traducti de latino in vulgare affigurati: commentati: et con mirando ordine insigniti: per il quale facilmente potrai trovare la multitudine de li abstrusi et reconditi vocabuli a li soi loci et in epsa tabula con summo studio expositi et enucleati ad immensa utilitate de ciascuno studioso et benivolo di epsa opera; Como: per magistro Gotardo da Ponte citadino milanese 1521. (incompleto) Site "La biblioteca dele fonti storico-artistiche". URL: http://servertesti.cribecu.sns.it/biblio/fonti_sa/all/TOC_10.html

Mar. - Ian Martin. **Architecture ou Art de bien bâtir** de Marc Vitruve Pollion Autheur, roumain antique mis de latin on français, par Ian Martin ... Cologne, Paris. Edição de Jacques Gazeau, 1547[129]. Possuimos também a reedição de 1618 por Jean de Tournes, Cologny, Paris. Existe disponível on-line © Site Vitruve de T.R. Wooldridge, Dezembro 1996, in
http://www.chass.utoronto.ca/~wulfric/vitruve/

Urr. - Miguel de Urrea. **De Architectura** dividido em X libros traduzido de latin en lengua castelhana por Miguel de Urrea. [Manuscrito]. 1582., presumivelmente o original da edição da Alcalá de Henares, impresso por Juan Gracián, em 1582. (fac-símile da BNL)

Per. - Claude Perrault. **Les dix livres d'architecture de Vitruve** corrigez et traduits nouvellement en françois..., par Claude Perrault, chez Jean Baptiste Coignard, Paris : 1673[130] (fac-símile da BNF). Tradução portuguesa por Maria Helena Rua, do Dep Eng. Civil do IST, Lisboa, 1998.

---

[129] Primeira tradução em Francês.

[130] Consta de 325 páginas, 65 gravuras de boa qualidade. Foi ampliada pelo mesmo editor em 1684. É a tradução iluminista da obra de Vitruvio e foi a mais utilizada em toda a Europa até meados do século XIX. O prefácio contém as ideias originais de Perrault na sua querela contra F. Blondel, naquilo que ficou conhecido como a querela entre os antigos e os modernos.

Gal. – Berardo Galiani. L'Architettura di M. Vitruvio Pollione, colla traduzione italiana e comento del marchese   Berardo Galiani. Nápoles: Stamperia Simoniana. 1758. Web doc. URL: http://digi.ub.uni-heidelberg.de/diglit/vitruvius1758

Ort. - Don Joseph Ortíz y Sanz. **De Architectura** de M Vitruvio Polión, traducidos del latim y comentados por Don Joseph Ortíz y Sanz, presbítero, por orden superior. Madrid: la Imprenta Real, 1787. (Fac-símile da Biblioteca da Catalunha. URL: http://www.cervantesvirtual.com/FichaObra.html?Ref=7135)

Mau. - Ch.-L. Maufras. **L'Architecture** de Vitruve, traduction nouvelle par Ch.-L. Maufras, Bib. Latine-Française, Paris : par C.L.F. Panckoucke Éditeur, 2 Vols., 1847, 1848.

Gwi. - Joseph Gwilt. **On Architecture**, tradução do texto de Valentin Rose da edição Teubner de 1899. (Existe on-line in Bill Thayer, com tradução de Joseph Gwilt, www document: http://www.ukans.edu/history/index/europe/ancient_rome/E/Roman/Texts/Vitruvius/home.html

Cho. – Choisy, Auguste (1909) Vitruve. Tome II, Livres I-VI; Tome III, Livres VIII-X.; Tome IV, Figures. Paris: Imprimerie Librairie Lahure. http://echo.mpiwg-berlin.mpg.de/MPIWG:Z6HCAPY1

Mor. - Morris Hicky Morgan. **The Ten Books on Architecture**, Cambridge Massachussets: Harvard University Press, 1914. Tradução de Morris Hicky Morgan. URL: http://www.perseus.tufts.edu/cgi-bin/ptext?lookup=Vitr.+1.preface+1.

Gra. - Frank Granger, translator. **Vitruvius, *On Architecture***. Vol. I and II. Cambridge, Mass.: Harvard University Press, 1955.

Blá. - Augustin Blánquez. **Los Diez Libros de Arquitectura** – trad. do latim por Augustin Blánquez, Barcelona: Editorial Iberia, 1955.

Row. - Ingid D Rowland. **Ten Books on Architecture**, Ed. Ingid D Rowland & Thomas Noble Howe, Cambridge: University Press, 1999.

Fle.I. - Philippe Fleury. **De L'Architecture: Livre I**. Pesquisas sobre os manuscritos, tradução e comentários de Philippe Fleury. Paris : Ed. Les Belles Letres, 1990. (Collection des universités de France – série latine). ISBN 2251013490.

Cal.II - Louis Callebat. **De L'Architecture: Livre II**. Pesquisas sobre os manuscritos Catherine Jacquemard ; Tradução de Louis Callebat ; Introdução e comentários de Pierre Gros. Paris : Ed. Les Belles Letres, 1999 e 2ª edição em 2003. (Collection des universités de France – série latine). ISBN 2251014152

Fle.III - Philippe Fleury (1990) **De L'Architecture: Libre III**. Pesquisas sobre os manuscritos, tradução e comentários de Philippe Fleury. Paris: Ed. Les Belles Letres (Collection des universités de France – série latine). ISBN 2251013504.

Gro. - Pierre Gros. **De L'Architecture: Libre IV**. Pesquisas sobre os manuscritos, tradução e comentários de Pierre Gros. Paris: Ed. Les Belles Letres, 1992. 231 p. (Collection des universités de France – série latine). ISBN 2-251-01366-0.

Cal.VI - Louis Callebat. **De L'Architecture : Libre VI**. Texte établi, traduit et commenté par L. Callebat. Paris: Ed. Les Belles Letres, 2004. 286 p. (Collection des universités de France – série latine). ISBN 2-251-01437-3.

Lio. - B. Liou et M. Zuinghedau. **De L'Architecture: Libre VII**. Texte établi et traduit par B. Liou et M. Zuinghedau, commenté par M.-Th. Cam. Paris: Ed. Les Belles Letres, 1995. 233 p. (Collection des universités de France – série latine). ISBN 2-251-01387-3.

Cal.VIII - Louis Callebat (1973) **De L'Architecture: Libre VIII**. Texte établi, traduit et commenté par L. Callebat. Paris: Ed. Les Belles Letres, 1973. 228 p. (Collection des universités de France – série latine). ISBN 2-251-01307-5.

Sou. - J. Soubiran (1969)   **De L'Architecture : Libre IX**. Texte établi, traduit et commenté par J. Soubiran. Paris : Ed Les Belles Letres, 352 p. (Collection des universités de France – série latine). ISBN 2-251-01308-3

Cal.X - Louis Callebat (1986) **De L'Architecture: Libre X**. Texte établi, traduit et commenté par L. Callebat, avec la collaboration, pour le commentaire, de P. Fleury. Paris : Ed Les Belles Letres, 360 p. (Collection des universités de France – série latine). ISBN 2-251-01309-1

Mac. – M. Justino Maciel (2006) **Vitrúvio: Tratado de Arquitectura**. Tradução do Latim, introdução e notas de M. Justino Maciel, ilustrações de Thomas Noble Howe. Lisboa : IST Press. ISBN 972-8469-43-8.

4. Literatura crítica usada

- Boudon, Philippe (2002) *Échelle(s)*. La Biblioteque des forms. Paris: Ed. Economica.

- Callebat (1998) *Histoire de L'Architecte*. Paris: Flammarion.

- Carpo, M. ([1998] 2001). *Architecture in the age of printing*. Cambridge: The MIT Press.

- Choisy, Auguste (1909) *Vitruve - Analyse*. Tome I. Paris: Imprimerie Librairie Lahure. http://echo.mpiwg-berlin.mpg.de/MPIWG:Z6HCAPY1

- Chausserie-Lapree, J: P: (1969) «Un nouveau stemma vitruvien» in *Revue des Etudes Latines*. n. 47. pp. 347-377.

- Coulton, J. J. (1977) *Ancient Greek architects at work: Problems of Structure and Design*. Elek archaeology and anthropology series. London: Elek.

- Ferreira, J. M. Simões (s.d.) *Plínio, o Velho, na Recepção de Vitrúvio, na Interpretação Crítica da Arte e da Arquitectura, e na Fundação da História da(s) Arte(s)*.

- Ferrari, Gloria (2002) «The Ancian Templo on the Acropolis at Ahtens» in *The Amerian Journal of Archaeology*, Vol. 106, Nº1 Jan. pp. 11-36.

- Gibson, Sophie (2005) *Aristoxenus of Tarentum and the birth of Musicology*, Studies in Classics, vol.9. New York and London: Routledge.

- Gross, Pierre et all. (1997) *Vitruvio, De architectura*. Torino: Einaudi.

- Gross, Pierre (1988) «Notes sur les illustrations di De Architectura» in *Les traités d'architecture de la Renaissance: actes du colloque tenu à Tours* du 1er au 11 juillet 1981, ed. Jean Guillaume, Paris: Picard.

- Gros, Pierre. (2006 [1989]) «Les fondements philosophiques de l'harmonie architecturale selon Vitruve (De architectura III-IV)» in *Vitruve et la tradition des traités d'architecture, Fabrica et Racionatio*: Recueil d'études , 271–280. Rome: École française de Rome.

- Gros, Pierre. 2006 [1976] «Nombres irrationnels et nombres parfaits chez Vitruve» In *Vitruve et la tradition des traités d'architecture, Fabrica et Racionatio: Recueil d'études* , 75–111. Rome: École française de Rome.

- Krinsky, Carol H. (1967) «Seventy-Eight Vitruvius Manuscripts» in *Journal of the Warburg and Courtauld Institutes*, Vol. 30, pp. 36-70. The Warburg Institute.

- Kruft, Hanno Walter (1990) *Historia de la Teoría de la Arquitectura*. Madrid: Alianza Editorial.

- Mortet, V. (1904a) «Recherches critiques sur Vitruve et son ouvre» in *Revue archeologique*. Angers: Imp. Orientale A. Burdin et C.. s. 4. t. III. jan/jun. p. 39-81.

- Mortet, V. (1904b) «Recherches critiques sur Vitruve et son ouvre» in *Revue archeologique*. Angers: Imp. Orientale A. Burdin et C.. s. 4. t. IV. jul/set. p. 382-393.

- Mortet, V. (1906) «Recherches critiques sur Vitruve et son ouvre» in *Revue archeologique*. Angers: Imp. Orientale A. Burdin et C.. s. 4. t. VIII. jul/dez. p. 268-283.

- Panofsky, Erwin (1960) *Renascimento e Renascimentos na arte Ocidental*. Lisboa: Editorial Presença.

- Pakkanen, Jari (2002) «The Erechtheion Construction Work Inventory and the Dorpfeld Temple» in *The Amerian Journal of Archaeology*, Vol. 110, pp. 275-81.

- Ruffel (1954) «Notes sur le manuscrit G de Vitruve» in *Pallas* 2 Annales publiees par la Faculte des Lettres de Toulouse. p. 79-96.

- Ruffel e Soubiran, J. (1959) «Recherches sur la tradition manuscrite de Vitruve» in *Annales de la faculté des lettres de Toulouse* -Année IX, fascicule 3. Toulouse: Faculté des Lettres Toulouse: Faculte des Lettres Ed.

- Sanchez, F. (1991). *O "De Arquitectura" de Vitruvio, numa recolha bibliografica (manuscrita e impressa existente em Portugal)*. Lisboa: Academia Nacional de Belas Artes.

- Sequeira, J.M (2010) «Os desenhos do De Architectura (arcitektouikh)» in *Revista Lusófona de Arquitectura e Educação*, n.4. Lisboa: Edições LabART.

- Scranton, Robert (1974) «Vitruvius' Arts of Architecture» in *Hesperia*, Vol. 43, No. 4, (Oct. - Dec., 1974), pp. 494-499 Published by American School of Classical Studies at Athens.

- Tobin, R. (1975) «The Canon of Polykleitos» in *American Journal of Archeology*, V.79, n.4 pp.3017-321.

- Vitorino, Júlio César (2004) «Sobre a História do Texto de Vitruvio» in *Cadernos de Arquitectura e Urbanismo*, Belo Horizonte, v.11, nº 12, p. 33-50, Dez.

- Yvon, T. (1984) «Le dessin d'architecture dans les societies antiques», in *Actes du colloque de Strasbourg*, Annales, Économies, Sociétés, Civilisations, V. 42 nº2.

ISBN 978-989-33-0540-9

www.ingramcontent.com/pod-product-compliance
Lightning Source LLC
Chambersburg PA
CBHW020740160726
47993CB00006B/2537